TheChristlikeChristian

그리스도를 닮는 것은 단순한 입술의 고백이 아니라 믿음으로
우리의 마음속에 거하시는 주 예수님을 소유하고
그 거룩한 성품에 참여하는 것이다.
그것은 세상으로부터 벗어난 데 속한 것이 아니며
삶 전체를 통해 거룩한 사랑으로 세상을 사랑하는 데서 드러난다.
유창한 말솜씨도 드높은 지식도 눈부신 재능도
그리스도 닮는 것에 비하면 아무것도 아니다.
그리스도를 닮는 것은 이 세상의 모든 것을 걸고서라도
추구해야 할 가치가 있는 유일한 일이다.

우리는 그리스도를 닮아 우리의 신앙을 완성할 뿐 아니라
그 닮음으로 사람들이 우리를 통하여
그리스도의 존재와 거룩함을 알게 해야 한다.
그리스도를 닮음으로 그 안에 계시는 하나님이
우리의 모든 것이 되시는 것이야말로
하나님이 생각하시는 최고의 선이자 진정한 축복이기 때문이다.
우리는 예수 그리스도 닮기를 통해
어떠한 웅변보다도 강력하고 명확하게 그리스도를 드러내 보임으로써
이 축복을 전하는 '축복의 사람'이 될 수 있다.

그리스도 닮은
그리스도인

무명의 그리스도인 지음 | 김태곤 옮김

생명의말씀사

THE CHRISTLIKE CHRISTIAN
by An Unknown Christian

Korean Edition published by Word of Life Press, Seoul ⓒ 1994, 2010.
All rights reserved.
Printed in Korea.

그리스도 닮은 그리스도인

ⓒ 생명의말씀사 1994, 2010

1994년 11월 15일 1판 1쇄 발행
2004년 3월 25일   11쇄 발행
2010년 9월 10일 2판 1쇄 발행
2023년 7월 12일   4쇄 발행

펴낸이 | 김창영
펴낸곳 | 생명의말씀사

등록 | 1962. 1. 10. No.300-1962-1
주소 | 서울시 종로구 경희궁1길 6 (03176)
전화 | 02)738-6555(본사) · 02)3159-7979(영업)
팩스 | 02)739-3824(본사) · 080-022-8585(영업)

기획편집 | 태현주, 조해림
디자인 | 박소정, 맹영미, 전민정
인쇄 | 주손디앤피
제본 | 주손디앤피

ISBN 978-89-04-15919-2
ISBN 89-04-18041-4 (세트)

저작권자의 허락 없이 이 책의 일부 또는 전체를
무단 복제, 전재, 발췌하면 저작권법에 의해 처벌을 받습니다.

그리스도 닮은
그리스도인

THE CHRISTLIKE CHRISTIAN

| 저자 소개 |

『무릎으로 사는 그리스도인』,『승리하는 그리스도인』의 저자이자『그리스도 닮은 그리스도인』의 저자인 '무명의 그리스도인'은 도대체 누구일까?

오늘날 사람들은 자신을 나타내기 원하고 또 누구나 그렇게 해야만 한다고 믿고 있는 것 같다. 그러나 이 책의 저자는 자신의 이름을 밝히지 않았다. 왜 그랬을까? 이를 궁금하게 여기는 사람들이 많다.

『무릎으로 사는 그리스도인』은 1981년 우리말로 번역 출판되었다. 그러나 이 책이 입에서 입으로 전달되어 소위 베스트셀러 리스트에 오르기 시작한 것은 1990년대 초부터로 첫 출간으로부터 약 10년 정도의 세월이 걸렸다. 좋은 책은 독자가 안다는 말이 입증된 것이라고 할까.

어쩌면 저자는 자신의 글에 대한 평가를 온전히 하나님과 독자에게 맡졌다고 볼 수 있다. 그의 글을 읽어 보면 곳곳에서 정말 진지하게 하나님을 의뢰하면서 하나님의 영광을 구하는 모습을 발견할 수 있다. 그래서 자신의 이름을 구체적으로 밝히지 않고 '무명의 그리스도인' An Unknown Christian이라고 함으로써 독자가 아무 선입견 없이 글을 통해 하나님을 만나도록 한 것이 아닌가 하는 생각이 든다.

『무릎으로 사는 그리스도인』의 후속 작품을 찾아 1994년 미국의 여러 도서관과 헌책방을 뒤졌다.

그러다가 어느 유명한 신학대학원의 도서관에서 '무명의 그리스도인'이라는 이름 옆에 저자의 이름이 기록되어 있는 도서 카드를 발견했다. 그리고 뒤이어 저자의 이름이 나와 있는 책도 찾았다.

그의 책들을 발굴하여 '무명의 그리스도인' 시리즈로 10권의 책을 출판하면서 저자의 실명을 밝힐 것인가를 놓고 고민했다.

그러나 우리가 찾은 책들 가운데 한 권을 제외하고는 모두 다 '무명의 그리스도인'으로 표기되어 있었다. 나머지 한 권에도 그의 이름이 겨우 속표지에 소개되어 있을 뿐이었다. 그래서 저자는 실명을 드러내기를 원하지 않는다는 것으로 판단했다.

저서에 저자명을 어떻게 표기하는가 하는 문제는 전적으로 저자의 고유한 권한이다. 많은 사람들이 저자에 대해 궁금해 하지만, 본사는 이러한 저자의 인격권을 존중하는 차원에서 '무명의 그리스도인'으로 표기하기로 했다.

어쨌든 그의 책이 많은 사람에게 읽히고 감동을 주고 있으니 저자는 자신의 목적을 달성했다고 여길 것이다.

이름을 드러내지 않으려는 저자의 모습을 통해서 겸손함과 이름 없이 빛도 없이 하나님을 섬기는 자세를 물씬 느낄 수 있다. 저자의 이러한 삶의 태도가 고스란히 배어 있기에 그의 책들이 독자에게 한층 더 감동과 여운을 안겨 주는 듯하다.

 거의 30년의 세월 동안 한결같이 베스트셀러로 자리 매김할 수 있었던 데에는 이러한 힘이 작용하지 않았나 생각된다.

| 저자 서문 |

런던 주교는 세계 일주를 마치고 돌아와 이렇게 말했다.
"세상은 기독교를 갈망하고 있습니다." 이 말은 사실이다.
그러나 세상이 '그리스도의 기독교'를 갈망한다는 것이 무슨 뜻인가? 이 책은 이런 질문들에 대한 명쾌한 해답을 제시한다.
오직 그리스도 닮은 그리스도인만이 무언가를 감당할 수 있다.
그리스도를 닮는다는 것은 단순한 입술의 고백이 아니다. 그것은 믿음을 통하여 마음속에 거하시는 주 예수 그리스도를 소유하는 것이다. 그래서 눈으로 그분을 보고, 입술로 그분을 이야기하며, 심지어 침묵하는 동안에도 그분을 호흡하는 것이다.
그러므로 그리스도를 닮는 것은 겉치레가 아니다. 그렇다고 세상으로부터의 완전한 초월도 아니다.

오히려 그것은 힘이다. 하나님의 사랑으로 모든 사람을 사랑하는 힘이다. 모든 사람을 돕는 힘이다.

그리스도를 닮는 것은 하나님의 거룩한 성품에 참여할 때 가능하다. 그리고 그리스도의 마음을 소유할 때 가능하다.

세상은 기독교를 갈망한다. 그러나 기성 교회가 제시하는 기독교에는 실망하고 있다. 세상은 그리스도를 갈망하고 있다. 왜냐하면 오직 그분만이 이 땅에 평화를, 인류에게 번영을 가져다주실 수 있기 때문이다.

그러므로 문제는 이것이다. 진정 기쁜 마음으로, 자발적으로 그리스도를 닮고자 하는가?

영국의 고든Charles George Gordon 장군은 "그리스도를 닮기 위해서는 의지를 주님께 복종시켜야 할 뿐 아니라 그렇게 하는 것을 기뻐해야 한다고 나는 배워 왔다."고 했다.

하나님이 나와 당신을 통해 다른 사람의 삶 속으로 들어가실 수 있는가? 우리가 그리스도 닮은 그리스도인이 될 때 그분은 그렇게 하실 수 있다.

세상은 온유와 연민, 도움, 사랑을 간절히 찾고 있다. 그리고 그 갈망의 눈길을 그리스도인들에게 돌리고 있다. 이들을 실망시켜서야 되겠는가? 그리스도 닮은 그리스도인만이 이렇게 말할 수 있다.

"우리로 말미암아 각처에서 그리스도를 아는 냄새를 나타내시는 하나님께 감사하노라 우리는 구원 얻은 자들에게나 망하는 자들에게나 하나님 앞에서 그리스도의 향기니" 고후 2:14-15.

이 책에 실린 각장의 내용들은 영적인 삶에 활력을 줄 것이다.

하나님이 이 책을 읽는 모든 독자에게 더욱더 그리스도를 닮아 가는 그리스도인이 되게 도와주시길 기원한다.

저자 소개 · 6
저자 서문 · 10

1. 그리스도는 좋지만, 그리스도인은 싫다 · 19

세상은 예수님을 알고 있다 | 그리스도 안의 하나님의 성품 | 가장 놀라운 기적 | 세상은 많은 그리스도인이 그리스도를 닮지 않았음을 알고 있다 | 세상이 그리스도인에게 바라는 것 | 왜 그리스도인은 그리스도를 닮아야 하는가 | 감추어져 있는 삶 | 예수 닮게 하소서

2. 그리스도인은 누구인가 · 37

세상에 동화된 그리스도인 | 그리스도인은 정통 믿음을 가진 자인가 | 교회에 출석하면 그리스도인인가 | 교회 직분이 있으면 그리스도인인가 | 선행을 하면 그리스도인인가 | 그리스도인은 성령을 소유하고 있다 | 그리스도인은 성령의 인도를 받는다 | 그리스도인은 하나님의 성품에 참예한다 | 그리스도인이 되는 것이 우선 | 그리스도의 피로 말미암아 | 하나님의 자녀로서의 삶

3. 그리스도를 닮는 것이란 무엇인가 · 57

그리스도를 닮는 것 | 예수 그리스도 | 그리스도를 닮는 것은 하나님을 닮는 것이다 | 모든 이에게 가능한 영광 | 사랑이신 하나님을 보이라

4. 어떻게 그리스도를 닮을 수 있는가 · 71

신의 성품 | 빛이 있는 곳 | 그리스도를 찾는 삶 | 예수 그리스도의 초상 | 우리 안에 거하소서 | 완전에 대한 명령 | 세상이 요구하는 거룩 | 그리스도를 닮을 가능성 | 모든 것이 합력하여 선을 이룬다 | 준비해 놓으신 하나님 | 작은 것에 주의하라 | 그리스도의 형상이 드러나도록 | 복음을 가리는 자 | 참된 그리스도인이 되려면

5. 무엇을 가장 원하는가 · 95

나는 무엇을 원하는가 | 가장 바람직한 일 | 가장 가치 있는 일 | 진정한 축복 | 축복을 전하는 법 | 그리스도의 사랑 안에 거함은 | 사랑, 하나님의 선물

6. 제사보다 순종이 낫다 · 109

고의적인 불순종 | 즉각적인 실천 | 자기 검증 | 하나님의 성품에 참예하는 자 | 사랑으로 제어되는 삶 | 그리스도의 생명 | 가장 큰 계명 | 그리스도의 사랑에서 끊을 수 있는 것 | 사랑 없는 종교 | 고통의 뿌리를 제거하라 | 주를 사랑하게 하소서

7. 사랑은 오래 참는다 · 127

사랑은 오래 참고 | 오래 참음 | 사랑의 강권 | 오래 참으시는 하나님 | 오래 참으시는 예수님 | 인내의 발자취 | 지치지 않는 용서 | 오래 참지 못하는 부끄러움 | 주께서 용서하신 것과 같이 | 모두 탕감해 주었노라 | 고난에 대한 순종 | 그리스도를 드러낼 기회 | 사랑의 반응 | 만난과 고초의 즐거움 | 오래 참도록 통제하여 주소서

8. 사랑은 온유하다 · 149

사랑은 온유하며 | 인애의 법 | 하나님의 온유하심의 탁월함 | 새 생명을 얻게 하신 은총의 풍성함 | 긍휼의 보관 | 고통의 세계에 필요한 것 | 하늘에서 쏟아지는 축복의 통로 | 향기로운 말 | 무례하지 않은 사랑 | 화평케 하는 자 | 하나님의 법에 충실한 온유함 | 온유의 감미로운 영향력 | 온유에 대한 상급 | 세상을 덮는 온유함의 능력 | 선에 대한 격려 | 실제적인 온유 | 날마다 온유함으로

9. 사랑은 시기하지 않는다 · 175

사랑은 시기하지 않으며 | 비참한 마음 | 쓸모없는 비열함 | 그는 쇠하여야 하겠고 | 하나님을 슬프게 하는 어리석음 | 모든 것을 예수님의 사랑 아래에 묻고

10. 사랑은 자랑하지 않는다 · 187

사랑은 자랑하지 아니하며 | 온유하고 겸손하게 | 사랑은 과시하지 않는다 | 사랑은 자만하지 않는다 | 받지 아니한 것같이 자랑하느뇨 | 영적 자만심 | 겸손한 자가 받을 기업 | 하나님은 교만한 자를 물리치신다

11. 사랑은 자기의 유익을 구하지 않는다 · 201

사랑은 자기의 유익을 구하지 아니하며 | 하나님의 비이기성 | 하늘나라의 비이기성 | 이기심의 치유책

12. 사랑은 성내지 않는다 · 213

사랑은 성내지 아니하며 | 다툼을 부르는 기질 | 사랑으로 이기라 | 실패하는 이유 | 육신적 기질의 함정 | 성마른 자는 배척당한다 | 누가 나를 건져 내리오 | 그리스도의 관용을 본받아 | 향기 짙은 백단향 나무처럼 | 죄악 된 기질에서의 해방 | 하나님의 성품을 덧입어

13. 사랑은 악한 것을 생각하지 않는다 · 233

사랑은 악한 것을 생각지 아니하며 | 용서받은 자의 용서 | 비난하는 자의 천박함 | 사랑은 방치하지 않는다 | 적극적인 사랑의 표현 | 결코 정죄함이 없나니

14. 사랑은 참고 믿고 바라며 또한 견딘다 · 245

사랑은 불의를 기뻐하지 아니하며 | 사랑은 모든 것을 참고 믿고 바라며 견디느니라 | 사랑은 뜨거운 손으로 죄를 덮는다 | 거듭난 영혼의 가능성 | 위대한 사랑의 모범

15. 명심해야 할 것은 무엇인가 · 255

그리스도 닮은 사람은 하나님 닮은 사람이다 | 들풀보다 많은 죄의 함정 | 이김을 주시는 하나님 | 사랑을 허락해 주시는 예수 그리스도 | 그리스도를 앙모하며

그리스도의 가르침은 고상하지만 실천하기는 힘들다.
그렇기에 세상은 우리의 그리스도 닮지 못한 삶을 조롱하기보다는
우리가 그리스도 닮은 삶을 살아 주기를 더 갈망한다.

1

A World Loving Christ,
Yet Hating Christians

그리스도는 좋지만,
그리스도인은 싫다

그리스도는 좋지만, 그리스도인은 싫다

그리스도의 가르침은 고상하지만 실천하기는 힘들다.
그렇기에 세상은 우리의 그리스도 닮지 못한 삶을 조롱하기보다는
우리가 그리스도 닮은 삶을 살아 주기를 더 갈망한다.

"그리스도를 닮지 않은 그리스도인들만 사라져도 복음의 승리에 방해되는 최대의 장애가 없어질 것이다."

오늘날 이 말은 매우 흥미 있으면서도 진실된 말이기도 하다!

우리는 이 말을 두려운 마음으로 받아들여야 한다. 이 말은 우리 자신을 되돌아보게 하며 자문하게 한다.

'나는 과연 어디에 있어야 하는가?' 주 예수를 닮지 않았다는 이유로 동료들에게서 사라져 버리는 것만이 그분의 뜻에 합한 일인가?

자신을 그리스도 닮은 그리스도인이라고 주장만 하는 것이 아니라 실제로 그리스도 닮은 그리스도인이 되기를 간절히 바라고 있는가? 지금까지 이 문제에 대해 진지한 숙고를 해 왔는가? 그리고 그리스도의 삶을 닮기 위해 확고하고 분명한 결단을 내린 적이 있는가? 자! 이제 이 문제

에 부딪혀 보자. 그리고 그리스도는 사랑하지만 그리스도인은 사랑하지 않는 이 세상에 도전할 만한 가치가 있는지 알아보자. 왜냐하면 이것이 가장 중요하기 때문이다.

세상은 당혹스러워 한다. 그 당혹감은 그리스도에 대한 것이 아니라 자기 입으로 그리스도의 제자라고 또 그리스도를 사랑한다고 공언하는, 소위 그리스도인이라는 자들에 대한 당혹감이다. 이에 대해 어떻게 생각하는가?

한 미국인의 다음과 같은 말이 이 문제에 대한 입장을 가장 잘 대변해 준다. "교회는 의심받는 기독교를 보고 충격을 받을 사람들로 가득하다."

세상이 다음의 사실들을 발견한 것은 분명하다.

세상은 예수님을 알고 있다

과거에 이 세상은 그리스도의 제자들을 보고 그리스도를 비판했고, 이로 인해 그분을 거부했다.

교육의 급속한 발전 덕분에 이슬람교도들이나 비기독교 국가의 국민들이 그리스도의 생애에 대해 연구를 해 오고 있다.

예를 들어 인도의 대학 상당수의 학생들은 성경 사본을 흔쾌히 받아들이고 그리스도가 어떤 분인지 배우고 있다. 카이로에 있는 명문 알아자르 대학교의 여러 교수들은 신약성경을 자체적으로 연구하고 있다.

예수님을 따른다면서 실제로는 그분을 제대로 증거하지 못하는 우리들과 달리 예수 그리스도를 본래 그분의 모습대로 연구하는 것은 그분을 사랑하는 데로 나아가게 할 수 있다. 이것이 오늘날 비기독교 국가에서 일어나고 있는 일이다.

우리 주님은 소위 '기독교'라는 것에 매장되어 오셨다. 그러나 앞에서 언급한 것처럼 이제 그분은 다시 일어서고 계신다.

그렇다면 그 결과는 무엇인가? 최근 저명한 한 힌두교도는 "예수님은 우리가 지금까지 보아 온 어떤 신보다도 가장 고상한 신의 표현이다."라고 고백했다. 우리 주님도 당신 자신에 대해 이같이 말씀하셨다. "나를 본 자는 아버지를 본 것이니라."

기독교를 가장 열등한 종교로 규정한 중국에는 기독교를 금지하는 98개 조의 법령이 있다. 그러나 예수 그리스도와 성경을 반대하는 법령은 그 중 단 한 개뿐이다.

오늘날 이슬람 세계도 이와 동일한 진리에 눈 뜨고 있다. 이슬람 국가는 예수 그리스도의 복음 안에 가장 고매한 종교적 이념이 깃들어 있다고 공공연하게 이야기한다. 그 결과 이슬람교도들이 그리스도의 사랑의 가르침에 귀 기울이는 데 놀라운 열심과 자발성을 보여주고 있다.

그리스도 안의 하나님의 성품

유대인들도 마찬가지이다. 뉴욕에 사는 유대 랍비는 '나사렛 예수'의 생애를 생생하게 전해 주는 책을 썼는데, 그는 이 책에서 그리스도께 최고의 감사와 찬미를 드리고 있다.

전통적인 유대교 교육을 받은 한 여성은 과거에 매우 비참한 시절을 보냈었다. 절망의 와중에 그녀는 기독교 교회에 출석하게 되었고 그와 동시에 그리스도의 생애에 대해 연구하게 되었다.

어느 날 그녀는 목사님에게 이렇게 고백했다. "그리스도 안에서 발견되지 않는 하나님의 성품이 있다고는 전혀 생각할 수 없습니다. 내가 하나님께 구하는 모든 것이, 그리스도가 나를 위해 해주시는 모든 것에 전부 다 들어 있습니다."

교회에 오래 다닌 성숙한 신자에게서나 들을 만한 이 같은 놀라운 진리를 그녀는 얼마나 빨리 깨달았는가!

사람들이 그리스도 안에서 하나님을 발견한다는 사실은 전혀 이상하지 않다. 왜냐하면 가만히 앉아 하나님이 어떤 분인가 생각해 보면 곧바로 마음속에 그리스도가 떠오르기 때문이다. 그리고 우리가 그리스도를 말할 때면 사람들은 으레 하나님을 연상하기 때문이다.

그러므로 인간에게 있어 그리스도를 닮는 일보다 더 고매한 일은 있을 수 없다.

일본 정부 대변지 『재팬 타임스』의 한 탁월한 지도자는 그리스도가 미치시는 감동과 그분의 복음의 능력에 관해 너무도 잘 증거한 바 있다. 최근의 사설에서 그는 이렇게 썼다.

"일본을 구시대의 사상과 복고적 관습에서 해방시키고 개화시킨 것은 기독교 문화와 그리스도인 사역자들이다. 일본을 진보하게 하고 고상한 문화로 발전시킨 것도 기독교이다……자, 이제 질문해 보자. 우리를 진보로 이끌어 준 사람은 과연 누구인가? 대답은 분명하다. 그것은 바로 그리스도인들이며, 사랑, 겸손, 공의, 절제와 같은 기독교의 가르침이다. 종교로서의 기독교는 일본에서 느리게 성장하고 있지만, 기독교 사상은 이미 일본을 정복했다. 이것은 전혀 과장된 이야기가 아니다."

어떤 사람이 한 소녀에게 물었다. "너는 하나님을 어떤 분이라고 생각하니?" 소녀는 대답했다. "나는 그분이 내가 아는 그 어떤 사람보다도 더 예수님을 닮으셨을 거라고 생각합니다."

당신이 이와 동일한 질문, 곧 '하나님을 어떤 분으로 생각하는가?' 라는 질문을 받았다면 이보다 더 감동적인 대답을 할 수 있겠는가?

"본래 하나님을 본 사람이 없으되 아버지 품속에 있는 독생하신 하나님이 나타내셨느니라" 요 1:18.

하나님은 말세에 하나님을 사모하고 갈망하는 모든 육체 위에 성령을 부어 주시겠다고 약속하셨다. 이 같은 때가 이제 도래하고 있다. 그리하여 그리스도를 믿지 않는 사람들까지도 동경과 사랑의 눈길을 그리스도께 집중하고 있다.

가장 놀라운 기적

세상이 기독교라는 틀에서 그리스도를 해방시키고 그리스도 본래의 모습을 발견하려고 하는 것도 놀라운 일이 아니다. 테니슨 Alfred Tennyson은 "그리스도의 생애는 그 어떤 기적보다도 놀랍다."고 했다.

하나님은 하나님의 은혜로 자녀 삼으신 우리가, 이제 역으로 하나님을 드러나게 하기를 원하신다. 이것은 오직 우리가 그리스도 닮은 그리스도인이 됨으로써 가능하다.

그러나 이슬람교도나 비그리스도인들이 십자가에 못 박히신 그리스도를 발견했다고는 생각하지 말자. 그들은 단지 아름다운 생을 살다 간

예수, 선구자로서의 예수, 이상적인 인간으로서의 예수를 주목할 뿐이다. 또한 그들은 그리스도를 흉내 내는 것이 곧 그분을 닮는 것이라고 잘못 생각하고 있다.

이들 중에는 자신의 죄악과 구세주의 필요성을 인식하는 사람이 그리 많지 않다. 그리스도의 보혈로 깨끗해지길 원하는 확고한 열망도 없다.

그러나 주님의 생애에 대한 저들의 위대한 인식은 또 다른 발견으로 이어진다.

세상은 많은 그리스도인이 그리스도를 닮지 않았음을 알고 있다

세상 사람들은 그리스도인의 이러한 삶에 대해 오랫동안 조롱을 퍼부어 왔다. 오늘날 비기독교 국가에서도 이와 동일한 소리가 들려온다.

한 어린 불교도가 예수를 전하는 사람에게 이렇게 말했다. "저는 그리스도를 믿기 원합니다. 그러나 저는 예수를 믿는다고 고백하는 사람들 속에서 예수님을 본 적이 한 번도 없습니다. 제가 단 한 번도 본 적 없는 사람을 어떻게 믿겠습니까?"

나는 어느 날 한 힌두교 학생과 이러한 문제에 대해 긴 대화를 나누었다. 그 학생은 다음과 같이 말했다. "저는 예수님을 사랑합니다. 그러나 저는 그리스도인을 증오합니다!"

사두 순다르 싱선다 싱, Sadhu Sundar Singh이 마하트마 간디Mahatma Gandhi에게 어떻게 하면 기독교가 인도를 정복할 수 있는지 물었다. 간디는 다음과 같이 대답했다.

첫째, 당신 같은 그리스도인들이 예수님처럼 살아야 한다.
둘째, 당신은 기독교를 타락시키거나 손상시키지 말고 그 가르침을 실천해야 한다.
셋째, 당신은 사랑을 강조해야 한다. 왜냐하면 사랑이야말로 기독교의 핵심이자 생명이기 때문이다.

한 힌두교도가 『인도의 길을 걷고 있는 그리스도』라는 유명한 책의 저자인 스탠리 존스 Stanley Jones 박사에게 다음과 같이 말했다. "당신이 이 도시에서 진실된 그리스도인 한 사람을 내게 보여준다면 나는 그리스도인이 되겠다."

한 힌두교 철학자는 "예수 그리스도는 훌륭하고 이상적인 분이시다. 그러나 그리스도인들은 그분을 닮지 않았다. 당신이 그리스도처럼 산다면 내일 당장이라도 인도가 당신의 발 앞에 무릎 꿇을 것이다."라고 했다. 그렇다. 인도뿐이겠는가? 영국도 무릎 꿇을 것이고 온 세계도 그리할 것이다.

세상이 그리스도인에게 바라는 것

얼마나 좋은 기회인가? 세상이 예수 그리스도를 향해 사랑을 표현하고 있다. 세상은 우리의 그리스도 닮지 못한 삶을 조롱하기보다는 우리가 그리스도 닮은 삶을 살아 주기를 더 갈망하고 있다. 그리스도의 가르침은 고상하고 이상적이지만 그것을 실천하기는 불가능하고 힘들다고 세상 사람들은 이야기한다. 그러므로 세상 사람들은 우리가 그 가르침을 실천하는가를 주목하고 있다. 우리가 실패하면 그들은 실망한다.

그리스도 안에 있는 진리를 탐구하려는 진지한 열정을 가진 사람들이 너무도 많다. 수많은 사람의 열정 어린 눈이 우리를 주목하고 있다. 그 이유는 예수를 따르는 우리 안에서 그리스도를 만나 보고 싶은 기대감 때문이다.

우리 심령 속에 그리스도가 역사하시기만 한다면, 그것은 다시없는 복음 전파의 기회가 될 것 아닌가!

로버트 스피어Robert E. Speer 박사가 한 청년에게 물었다. "당신은 어떻게 페르시아에 복음을 전파할 계획입니까?" 청년의 대답은 이랬다. "십자가에 돌아가신 예수님의 방식대로 예수님을 전파할 것입니다." 그렇다. 청년의 말의 의미는 "내 안에 그리스도께서 사신 것이라"갈 2:20는 성경 말씀과 같다. 이는 곧 그리스도 닮은 삶을 사는 것을 뜻한다.

오늘날 역사상 그 어떤 시대보다도 세상 사람들은 뜨거운 열망을 가지고 그리스도인을 주목하고 있다. 그들은 그리스도인들에게 "우리는 그리스도 보기를 원합니다."라고 요청한다. 그리고 그들은 우리 안에서 예수님을 발견하길 기대하고 있다. 과연 그들은 우리를 통해 예수님을 볼 수 있을까?

이것은 당신과 나의 개인적인 문제이다. 우리는 이 문제의 해결을 다른 어떤 교회에도 전가시킬 수 없다. 새뮤얼 채드윅Samuel Chadwick 목사는 이렇게 썼다.

"오늘날의 특징 중 하나는 국가가 교회 정신을 상실하고 있다는 것이다. 심지어 종교적인 분야에서조차도 교회는 역동적이고 주도적인 생명력을 발휘하지 못하며, 교회 조직의 영향권 밖에 있는 대다수의 사람들에게 교회는 점점 무가치한 존재로 간주되고 있다. 또한 기독교 종파들이란 자신의 이익을 위해 분파 나누기에 열 올리는 집단으로 이해된다.

그러나 그들이 열을 올리는 이익이란 사실상 아무 중요성도 없는 것이다. 왜냐하면 그것은 실제적인 가치가 없는 것이기 때문이다. 교회 밖에 있는 자들이라고 해서 반드시 종교에 무관심한 것은 아니다. 종교는 모든 주제들을 하나로 묶어 주는 근본적 주체이다……사람들은 종교에 관해 지속적으로 논의해 왔다.

사람들마다 많은 견해가 있다. 그러나 일치하는 한 가지 견해는, 진정한 것은 교회와 구별되는 어떤 것이라는 견해이다……현대인들은 위대하고 거룩하신 하나님을 요구한다. 더불어 자비가 많으시고 능력이 강하시며 영광스러운 위엄을 갖추신 하나님, 거기에다 노를 잘 발하시지도 않고 심판을 잘 행하시지도 않는 하나님을 요구한다."

당신과 나는 지금 이같이 느끼고 사고하는 사람들에 둘러싸여 살고 있다. 그러므로 우리가 그리스도를 닮고, 그들에게 주 예수님을 알려 주는 것은 중대한 일 아니겠는가?

아서 크리스토퍼 벤슨Arthur Christopher Benson의 일기에 이 같은 문제에 대한 진지한 반성이 묘사되어 있다.

"나는 기독교의 원리를 믿는다. 그러나 나는 나 자신을 불가지론자라고 생각한다. 나는 개인적으로 하나님에 대한 어떤 신령한 경험을 실제로 가져 보지 못했다."

어떻게 그는 그리스도의 아름다움을 한 번도 보지 못했는가? 이제껏 그는 기독교 지도자들을 만나 보지 못했는가? 가정이나 교회에서, 그는 자신의 영혼과 삶에 강렬한 감화와 경외를 불러일으킬 만한 그리스도 닮은 사람을 만나 보지 못했는가? 우리 주님에게만 있는 '거룩한 아름다움'을 그는 발견하지 못했단 말인가?

이제 다시 생각해 보자. 그가 우리 안에서 그리스도를 발견했더라면 아마 일기에 이렇게 적었을 것이다.

"여호와께서 너와 함께 계심을 우리가 분명히 보았으므로" 창 26:28.

왜 그리스도인은 그리스도를 닮아야 하는가

그렇다면 이제 이 질문, 즉 많은 사람들이 자주 직면해 왔던 '그리스도 닮은 삶의 가장 뚜렷한 특징은 무엇인가?'라는 질문의 답을 구해 보자. 내가 그리스도 닮은 삶을 살아가는 데 실패하고 있다면 그 원인은 어떤 것인가? 어디에서 나는 잘못하고 있는가? 내 안에 있는 어떤 것이 그리스도의 형상을 가리고, 흠집 내고, 희미하게 만들며, 더럽히고 손상시키는가?

진정 우리는 그리스도 닮기를 열망하는가? 그리스도가 우리 안에 역사하시도록 심령을 비웠는가?

주 예수님은 우리 안에 당신의 영광을 분명히 드러내시기 위하여 성령을 통해 우리 마음을 감화하신다. 주님은 우리를 통해서 다른 사람에게 빛을 비추실 수 있다. 즉 그리스도의 모든 제자들은 "모든 족속"과 "모든 땅"에 빛을 비추는 천국의 빛이다.

그러므로 모든 질문의 핵심은 바로 이것이다. '어떻게 우리를 통해서 예수님이 다른 사람에게 감화를 주실 수 있는가? 어떻게 예수님이 그리스도인을 통해서 다른 사람을 구원하실 수 있는가?' 하는 것이다. 왜냐하면 세상은 그분을 찾고 있기 때문이다. 다시 한번 이 호소에 귀를 기울여 보자.

한 벵골인 시인이 성탄절에 앤드루스F. C. Andrews라는 사람에게 이런 시를 적어 보냈다.

"위대한 대주재이신 그리스도시여! 우리는 그리스도인이 아니지만 당신이 탄생한 이 축복받은 날 당신께 경배하나이다. 우리는 당신을 사랑하고 예배하나이다. 그러나 우리는 그리스도인이 아닙니다……유럽에는 당신을 받아들일 만한 여지가 없나이다.

오시옵소서, 주여! 아시아에 좌정하시옵소서. 당신의 목전에서 슬프고 짐 진 우리의 마음이 가벼워지기를 원하나이다. 오, 사랑의 스승이시여! 우리 마음에 오셔서 우리가 타인의 고통에 동참하고 문둥병자를 보살피고 부랑자를 사랑으로 껴안게 하옵소서!"

당신은 은혜로우신 주님이 이 같은 간절한 기도에 응답하시리라고 생각하는가? 반드시 응답하실 것이다.

그러나 그 응답은 우리에게 달려 있다. 실제적으로 주님이 이 땅에 내려오시지는 않는다. 그분은 모든 진실된 신자들의 마음속에 거하시기 때문이다. 그리고 우리를 통해서 당신 자신을 다른 사람들에게 나타내기를 원하신다.

우리를 통해 주님이 이렇게 역사하시도록 하겠는가? 주님은 말씀하신다. "세상 모든 곳에 가라. 그리하여 그들로 하여금 나를 소유하게 하라. 나를 그들에게 알리라."

이 글 서두와 동일한 논의로써 이 장을 끝맺고자 한다. 지금껏 인용된 옛 신앙 선조들의 말에 전적으로 공감을 표하는 바이다. 그들은 그리스도인답지 못한 모든 그리스도인들이 사라지게 될 때 복음의 승리를 가로막는 가장 큰 장애물이 없어질 것이라고 했다.

감추어져 있는 삶

그러나 여기서 한 가지 덧붙여야 할 것이 있다. 그것은 하나님이 하나님을 믿는 모든 신자들이 성별된 삶을 살기를 요구하신다는 사실이다. 하나님은 이렇게 말씀하신다. "너의 삶은 그리스도와 더불어 하나님 안에 감추어져 있다."

감추어진 삶이란 거룩한 삶을 말한다. 즉 그리스도를 닮는 삶이다.

사도 바울은 여기에 덧붙여 이렇게 말한다.

> "이는 너희가 죽었고 너희 생명이 그리스도와 함께 하나님 안에 감취었음이니라 우리 생명이신 그리스도께서 나타나실 그 때에 너희도 그와 함께 영광 중에 나타나리라" 골 3:3-4.

이 말씀을 실천할 때 거룩한 삶은 지금, 여기에서 이루어져 갈 것이다.

우리는 불신자들이 우리에 대해 어떻게 생각하는지 알길 원한다. 왜냐하면 우리가 바로 서야 그들을 도울 수 있기 때문이다. 그리스도 닮지 않은 것들이 우리 안에서 사라지기까지 우리는 모든 노력을 다할 것이다.

그러나 사실 우리는 우리 자신을 도울 수 있는 어떤 능력도 소유하고 있지 못하다.

그러나 우리는 "우리의 만족은 오직 하나님께로서 나왔음"고후 3:5을 알고 있다. 또한 "우리 안에 선한 일을 시작하신 그가 그것을 완성하시고 그것을 마치실 것"고후 3:5 참조도 알고 있다.

예수 닮게 하소서

용기를 가지고 그리스도를 닮아 가려고 전진하는 사람들이 있다. 그들은 복음이 전파되는 곳이면 어디에나 있다.

인도에 가 있는 한 선교사처럼, 당신은 너무 늙고 머리가 둔해 복음 사역에 필요한 언어를 습득하지 못할 정도인가? 어느 날 선교 본부는 이 선교사에게 모국으로의 소환을 요청하는 편지를 보냈다. 그 때 인도의 전도 사역지에서 그 선교사를 돕고 있던 조력자가, "그를 고국으로 소환하지 마십시오. 왜냐하면 그의 삶은 모든 대화의 전부이기 때문입니다."라고 답했다.

조국에도 우리가 만날 수 있는 믿음의 인물들이 있지 않은가? 지난달 한 친구가 이렇게 말했다. "그 감독님을 만나기를 얼마나 간절히 원했는지! 그분은 언제나 나 자신이 천국의 한 작은 존재라는 것을 깨닫도록 일깨워 준다네."

한 복음 전도자의 아내는, "남편은 내가 지금껏 만난 그 어떤 사람보다도 더욱 주 예수를 닮았습니다."라고 조심스럽게 고백했다. 이처럼 그리스도를 닮는 것이 우리 삶의 목적이요 결단이 되어야 한다.

예수 닮게 하소서.
이것은 나의 노래.
집에서나 수많은 군중 속에서도
예수 그리스도 닮게 하소서.
나, 예수 닮기 원하네.

그러면 이제 그리스도는 어떤 분이시며, 그리스도를 닮는 것이 어떤 것인지 알아보자.

그리스도 닮은 위대한 그리스도인

사두 순다르 싱

사두 순다르 싱(선다 싱) Sadhu Sundar Singh 1889-1929

맨발로 눈 덮인 히말라야 산맥을 걸어 다니며 복음을 증거하여 '맨발의 전도자'로 불린 사두 순다르 싱은 인도가 배출한 가장 이상적인 그리스도의 제자이자 20세기 초 동방에서 가장 널리 알려진 영적 스승이었다.

이 유명한 '티베트의 성자'는 시크교도 명문가의 막내로 태어나 강한 종교성을 가지고 성장하였지만, 소년 시절 어머니와 사별하면서 그 종교성으로 오히려 고통과 혼란을 겪었다. 영국계 미션 스쿨에서 학업을 시작한 탓에 소년기의 불안과 반항의 화살을 기독교에 돌리게 되었기 때문이다. 그러나 증오와 폭력으로도 어머니를 잃은 상실감을 극복하지 못했고 결국 1904년 스스로 목숨을 끊을 결심을 하였다.

그리고 신이 있다면 마지막으로 바른 길을 가르쳐 달라고 기도하였던 순간, 그리스도를 만나는 기적을 체험하게 된다. 그는 한순간에 변모하여 그토록 갈망하였던 마음의 평안을 얻었지만, 그 때부터 가족과 친지의 핍박을 감수해야 했으며 끝내는 무일푼으로 추방당하기에 이르렀다. 그럼에도 그는 신앙을 굽히지 않았고, 세례를 받은 후로부터는 인도의 '사두'(sadhu, 종교 수행자 또는 성자)가 입는 노란 색의 긴 옷을 걸치고 힌두교도들에게 복음을 전하기 시작하였다.

이로부터 비롯된 그의 무소유의 삶과 순례 전도 여행은 인도 전역에 그의 이름이 알려지게 하였고, 그의 설교에 감화받는 힌두교인들도 점차 생겨났다.

수차례에 걸친 전도 여행 중 순다르 싱은 40일 금식 기도로 절명

스웨덴 웁살라를 방문했을 당시의 순다르 싱

직전에 이른 적도 있으며 시체로 가득한 마른 우물에 사흘 밤낮을 갇히거나 거머리 떼에게 피를 빨리는 고문을 당하는 등 갖가지 박해를 받았으나 결코 동요하지 않았다.

눈보라 속에서도 조난자를 끝까지 업고 걸어 그 온기로 목숨을 구한 유명한 일화 역시 이 때의 여행 중에 벌어진 일이었다.

자기 몸을 돌보지 않는 이러한 헌신적인 전도 활동은 그의 건강을 갉아먹어 갔지만, 생명이 경각에 달렸음에도 그는 선교에의 열망을 누르지 못했다. 1929년 4월 18일 순다르 싱은 남몰래 티베트를 향하여 다시는 돌아오지 못할 발걸음을 내디뎠다. 그 날 이후로 그는 영영 소식이 없었다. 백방으로 탐문해 보아도 행방을 알 길이 없었기에 후대까지 그의 최후에 대해서는 구구한 말들이 많았다.

이처럼 그의 삶은 자신을 지극히 낮추고 고통을 감내하며 말씀을 전하셨던 예수 그리스도의 모습을 닮은 것이었다. 다시 말해 누구보다 짙고 오래도록 지속되는 그리스도의 향기를 남긴 참된 그리스도인의 실례라고 할 수 있다. 그의 생전 그 겸비함과 영성을 보고 되뇌었던 쇠데르블롬(Nathan Söderblom)의 말은 사두 순다르 싱의 인생에 관해서는 과연 한 치의 오차 없는 합당한 정의였다.

순다르 싱은 진정 온전히 그리스도인이었다. 그는 진실로 성경적 그리스도인의 화신이었다. 그의 예수님에 대한 순명(順命), 평화롭고 경건한 성품, 철저한 십자가 길 실천을 보라. 그는 그야말로 그리스도인의 한 전범(典範)이었다.

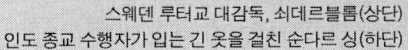

스웨덴 루터교 대감독, 쇠데르블롬 (상단)
인도 종교 수행자가 입는 긴 옷을 걸친 순다르 싱 (하단)

그리스도인은 하나님의 성품에 참예하는 자다.
그는 자기 안에 거하시는 성령을 소유하고 있으며,
그분의 인도하심을 받는다.

2
What Is A Christian?

그리스도인은 누구인가

그리스도인은 누구인가

그리스도인은 하나님의 성품에 참예하는 자다.
그는 자기 안에 거하시는 성령을 소유하고 있으며,
그분의 인도하심을 받는다.

그리스도인은 누구인가? 나는 그리스도인인가? 이것은 매우 중요한 질문이다.

"나의 나 된 것은 하나님의 은혜로다"라고 바울은 담대히 고백했다. 우리도 이 같은 고백을 할 수 있는가?

내 속에 있는 모든 것은 성령이 역사하신 결과인가? 내 속에 있는 모든 것이 주님께 유익을 드리는가?

세상에 동화된 그리스도인

우리 중 많은 그리스도인이 세상에 동화되어 살아가고 있다. 그래서 절친한 친구들조차도 우리를 그리스도 닮은 그리스도인이라고 부르지 않을지 모른다. 그리고 회사 동료들도 우리를 그리스도인이라 부르길 주저할지 모른다.

혹은 그들이 우리를 단지 교회에 출석하는 사람 정도로 알고 있는지도 모른다. 아니 어쩌면 이보다 더 심한 상황에 빠져 있는지도 모른다. 즉 우리는 지금 자신이 어디에 있는지조차 모르는 선량한 사람들을 방관만 하고 있을지도 모르는 것이다.

'나는 주님의 사람인가, 아닌가?' 그들에게는 이것이 해결되기 어려운 문제처럼 보인다. 그들은 자신에게 신뢰를 주고 분명한 가르침을 줄 수 있는 사람을 원한다.

그러므로 우리는 이같은 근심에 빠진 사람, 또한 모든 사람을 위해서 '그리스도인은 어떤 사람인가?' 라는 질문에 답해 주기를 노력해야 한다.

한번은 캠브리지 대학의 한 학생이 자기 학교에서 어떻게 하면 효과적으로 전도할 수 있는지 질문한 적이 있다.

"선생님도 아시겠지만, 술 마시고, 조심성 없고, 비신앙적인 사람들이 적지 않습니다. 그럼에도 불구하고 그들 대부분은 정직하고 바르고 깨끗한 삶을 살고 있습니다. 사실 이들과 저의 차이점은, 그들은 신앙고백을 전혀 하지 않는 반면 저는 겸손하게 제 자신을 주 예수 그리스도의 제자로 고백한다는 것입니다. 저의 고충은 바로 이것입니다. 즉 그들이 지금껏 소유하지 못한 것, 제가 그들에게 주어야 할 것이 과연 무엇인가 하는 것입니다. 그들에게 있어서 구원은 무엇을 의미합니까?"

이 젊은 그리스도인의 고충을 이미 심각하게 체험하고 있지는 않는가? 우리 주변에는 친절과 관대함, 정직과 단정함으로 일관된 삶을 살아가는 사람들이 있다. 그러나 이들 대부분은 성경을 읽지도 않고 기도도

하지 않고 교회에 출석하는 것도 중단하고 있다. 분명 이들은 자신의 삶에서 기독교를 제외시키고 있다.

공개적으로 자신이 그리스도의 편에 서 있다고 고백하는 자들은 소수에 불과하다. 그리고 이 소수만이 여가 시간의 상당 부분을 '기독교 활동'에 헌신하고 있다.

그렇다면 이들은 자신의 믿지 않는 친구들을 위해서 무엇을 하는가? 이러한 질문은 몇몇 그리스도인 지도자들에게만 국한되는 것은 아니다. 우리 모두는 이 문제에 직면해 있다.

우리 주변에는 겉만 번지르르하고 매력적인 사람들, 즉 종교를 세속 조류에 내팽개쳐 버리고 그것을 아무렇지도 않게 생각하는 사람들이 많다.

"그리스도께로 돌아오라. 그리하여 영혼을 구하고 이제 후로는 천국을 소유하라." 이 같은 말이 그들에게는 아무런 호소력도 갖지 못한다. 그들은 자연스럽게 이렇게 대답할 것이다. "그리스도가 우리의 삶이나 앞날, 그리고 유익 등에 있어서 어떤 명백한 차이를 가져다주시지 않는다면, 우리가 신앙인이 되기 위해 굳이 애쓸 필요가 뭐 있겠는가?"

결국 그들은 종교를 쾌락을 빼앗는 것, 즉 "……을 하지 말라"는 계명들의 집합체쯤으로 치부해 버리고 만다.

많은 사람들이 도덕적으로는 바르지만 하나님의 왕국에서는 멀리 떨어져 있다. 그리고 하나님의 보호하심에 대해 잘못된 생각을 가지고 있다.

그러므로 우리는 다시 한번 '그리스도인이란 누구인가?'라고 자문해 보아야 한다.

그리스도인은 정통 믿음을 가진 자인가

그리스도인이란 정통적인 믿음을 가진 사람을 가리키는가? "당신의 신념이 올바르다면 당신은 바르게 살고 있다."고 혹자는 말한다. 그렇다면 '기독교'란 단지 올바른 신념에 불과한가? 그렇다 하더라도 우리 가운데 누가 그 기준에 정확히 부합할 수 있겠는가? 우리는 진리관에 있어서 서로 상이하다.

더욱이 우리는 믿음 그 자체만으로는 아무런 소용이 없음을 잘 안다. 왜냐하면 "행함이 없는 믿음은……죽은 것이라"약 2:17고 말씀하고 있기 때문이다. 더불어 사도 바울은 우리의 행함도 사랑에 의해서 행해지지 않으면 아무런 유익이 없다고 분명히 밝히고 있다갈 5:6.

심지어 사탄조차도 그들의 신념, 즉 앎에 있어서는 아주 정통적이다.

"잘하는도다 귀신들도 믿고 떠느니라"약 2:19.

사탄도 하나님이 계시다는 것과, 예수님이 하나님의 아들인 것과막 1:24, 심판이 있을 것을마 8:29 알고 있다. 그러나 이 같은 앎이 그들을 구원해 주지는 못한다. 왜냐하면 그들의 행실이 그릇되었기 때문이다.

죄악 가운데 생활하고 있는 사람이, 사도신경이 참되며 또 자신이 사도신경을 믿는다고 고백할 수는 있다. 그러나 그는 자기 자신의 길로 나아가기를 더 즐겨 한다.

소위 '믿음'을 가졌다고 하는 자들이 돌을 들어 예수님을 치려 한 이유는 예수님이 그들이 알지 못하는 어떤 것을 말씀하셨기 때문이 아니다요 8:31, 59, 10:31. 우리는 성경에서 이 사실을 알 수 있다. 그들은 더 이상 예수님과 동행하지 않았다.

주님은 바리새인들이 '진리'를 알고 있었고 그것을 다른 사람들에게 가르치고 있음을 알고 계셨다. 그럼에도 불구하고 주님은 그들을 저주하셨다. 그 이유는 그들이 "말하기만 하고 실행하지 않았기 때문"이다마 23:3 참조.

교회에 출석하면 그리스도인인가

교회에 출석하는 것이 그리스도인이라는 증거인가? 소위 그리스도인이라 하는 많은 자들이 이 말에 확실하게 동의할 것이다. "당신의 삶이 올바르기만 하다면 무엇을 믿든 문제 되지 않는다."고 그들은 이야기할 것이다.

가룟 유다는 사도였다. 그는 그리스도의 몸 된 공동체에서 재물 관리를 맡은 자였다. 그는 지도자였다. 그는 다른 제자들을 격려하며 전도하는 데 헌신했다. 그러나 그는 진리를 실천하는 일에 있어서만큼은 제자들과 같지 않았고, '그리스도인'이라 불릴 수 없는 사람이었다.

최근 해외에서 온 목사님이 내게 이런 얘기를 들려주었다. "우리 교구에 놀랄 만한 신학 이론을 겸비한 그리스도인이 있습니다." 그는 이 말 외에 더 이상 어떤 설명도 하지 않았다.

사실상 더 이상의 어떤 설명도 필요치 않았다. 그 목사님은 신학적인 진리에 해박하고 또 자신들이 알고 있는 신학적 진리가 참되다고 믿는 영국 신자들에 대해 이야기하였던 것이다. 그러나 그들의 삶이 그들의 앎과 일치하지는 않았던 것이다. 그들은 위선자들인가? 아니면 자신을 속이고 있는가? 아니면 그들은 실제적으로 모든 것이 잘 되어 가고 있다고 착각하고 있는가?

교회 직분이 있으면 그리스도인인가

교회에서 직분, 예를 들어 교사, 구역장, 목사, 집사, 교구장 등의 직분을 가지고 있다면, 그것이 신앙에 대한 충분한 증거가 되는가?

바리새인들은 하나님을 섬기는 데 있어서 어느 누구보다도 헌신적이고 세심했다. 종교는 그들의 삶 자체였다. 그들은 어느 누구보다도 성전에 규칙적으로 올라갔으며 누구보다도 열심히 예배를 드렸다. 다른 사람을 가르치는 데 있어서도 최고의 열성을 보였으며, 하나님께 예물을 바치는 데 있어서도 아낌이 없었다. 그들은 기도하는 데 있어서도 아주 특별했다. 그들은 모든 것의 십일조를 바쳤다. 심지어 자기 집 채소와 박하의 십 분의 일까지도 정확하게 바쳤다.

그러나 그들의 종교는 자신만을 위한 것이었고, 자신에 의해 유지되었고 자신만을 위해 집중되었다. 바리새인의 기도와 금식, 구제는 인간의 상급을 받기 위해 행해졌을 뿐이다.

"저희는 사람의 영광을 하나님의 영광보다 더 사랑하였더라" 요 12:43.

그러므로 그들은 이미 상급을 받은 자들이었다.

"이 백성이 입술로는 나를 존경하되 마음은 내게서 멀도다 사람의 계명으로 교훈을 삼아 가르치니 나를 헛되이 경배하는도다" 마 15:8-9.

이같이 자신의 명예욕에 사로잡힌 유명한 종교 지도자들이 주님을 십자가에 못 박은 것이다.

그러므로 우리 주님은 다음과 같이 말씀하신다.

"너희 의가 서기관과 바리새인보다 더 낫지 못하면 결단코 천국에 들어가지 못하리라" 마 5:20.

그리스도를 구세주로 믿는 믿음, 그리고 그분에 대한 진정한 사랑에서 나오지 않은 선행은 무가치할 뿐 아니라 아무런 열매도 맺지 못하는 믿음과 진배없다.

그러므로 모든 선행은 다음과 같은 동기에 의해 실행되어야 한다.

나는 나의 영혼을 구하기 위해 일하지는 않으렵니다.
왜냐하면 주님이 이미 그 사역을 이루셨기 때문입니다.
그보다 나는 하나님의 영광스러운 아들을 사랑하기 위해 종처럼 일할 것입니다.

선행을 하면 그리스도인인가

그리스도의 이름으로 이룬 업적이 그리스도인이라는 증거인가? 그러나 주님은 '선행'이 그리스도의 제자직에 아무 증거가 될 수 없다고 그얼마나 엄숙하고 분명하게 제자들에게 경고하셨던가!

공생애 초기에 주님은 심판날을 언급하시면서, "그 날에 많은 사람이 나더러 이르되 주여 주여 우리가 주의 이름으로 선지자 노릇하며 주의 이름으로 귀신을 쫓아내며 주의 이름으로 많은 권능을 행치 아니하였나이까 하리니 그 때에 내가 저희에게 밝히 말하되 내가 너희를 도무지 알지 못하니 불법을 행하는 자들아 내게서 떠나가라 하리라"마 7:22-23고 말씀하셨다.

이 같은 선행들은 얼마나 어리석은가?

그러나 주님의 이 같은 말씀에도 불구하고 많은 사람들은 그들의 종교 활동들이 자신의 믿음의 신실성을 반증해 준다고 여긴다. 뿐만 아니라 심지어 그런 활동들을 구원을 얻는 한 방법이나 보조 수단으로 생각하기도 한다.

나는 성가대의 한 소년과 영적인 주제에 대해 이야기한 적이 있다. 어느 정도 이야기를 나눈 후 내가 물었다.

"너는 성가대에서 부르는 찬양이 네 영혼을 구해 줄 거라고 생각하니?" "글쎄요. 그건 아닙니다." 계속해서 그는 말했다. "전 그렇게까지 깊게 나아가고 싶지는 않습니다. 선생님도 아시다시피 구원을 얻기 위한 다른 여러 방법이 있지 않습니까!"

그러나 성경은 "너희가 그 은혜를 인하여 믿음으로 말미암아 구원을 얻었나니 이것이 너희에게서 난 것이 아니요 하나님의 선물이라 행위에서 난 것이 아니니 이는 누구든지 자랑치 못하게 함이니라"엡 2:8-9고 말씀하고 있다.

그러므로 선행이란 아무것도 아니며 매우 하찮은 것이다.

어린 시절의 일이다. 한 악명 높은 살인자가 체포를 피하려고 시골로 숨어 들어가서 목사 행세를 했다. 그의 목사 행세는 아주 그럴 듯했던 것으로 알려진다. 그러나 하나님께 대해서는 결코 그렇지 못했을 것이다.

내 말을 오해하지 말기 바란다. 사실 정통적인 신조를 소유하고 참된 교회에 소속되어 하늘에 계신 우리 아버지 앞에 사랑과 성실로써 자발적인 봉사를 하는 것이 좋은 일이기는 하다. 그러나 이와 같은 일들 중 어느 것 하나도, 심지어는 그 모든 것도 구원을 가져다주거나 성취시켜 주지는 못한다.

"우리를 구원하시되 우리의 행한 바 의로운 행위로 말미암지 아니하고 오직 그의 긍휼하심을 좇아 중생의 씻음과 성령의 새롭게 하심으로 하셨나니" 딛 3:5.

따라서 이런 것들은 우리가 하나님의 은혜로 구원받았다는 사실에 아무런 증거도 되지 못한다.

그렇다면 그리스도인의 특징은 무엇인가?

그리스도인은 성령을 소유하고 있다

그리스도인은 자기 안에 거하시는 성령을 소유하고 있다. 그는 성령에 참예한 바 된다 히 6:4.

그리스도의 영을 소유하지 않으면 그리스도의 사람이 아니라고 사도 바울은 말했다. "육체 가운데 거하는 자는 하나님을 기쁘시게 하지 못한다."고 성경은 가르치고 있다. 웨이머스Richard Francis Weymouth 박사는 위의 성경 구절을 다음과 같이 해석한다. "세속적인 일들에 마음을 빼앗긴 자는 하나님을 기쁘시게 해 드릴 수 없다."

하나님의 영이 마음속에 거하신다면 그 사람은 세속적인 일들에 몰두하지 않고 영적인 일들에 헌신할 것이다. 반면 그리스도의 영을 소유하지 않았다면 그는 그리스도께 속하지 않은 자이다롬 8:8-9.

그리스도인은 성령의 인도를 받는다

그리스도인은 성령의 인도하심을 받는다. 사도 바울은 "무릇 하나님의 영으로 인도함을 받는 그들은 곧 하나님의 아들이라"롬 8:14고 했다.

이같은 성령의 인도하심을 알고 있는가? 마음속에서 "이것은 하나님의 방법이다. 이 안에 거하라. 이것을 행하라. 저것은 하지 말라."고 하시는 성령의 음성을 들은 적이 있는가? 이러한 음성에 귀 기울인 것이 언제인지 기억하는가? 성령의 음성에 복종하고 그 음성을 기쁘게 들었는가? 성령의 인도하심에 늘 복종하는가? 바로 이것이 우리가 '하나님의 아들'이라는 증거이다. 여기서 내가 말하는 복종은 지속적인 복종을 뜻한다. 도둑이 정직하게 행하는 것을 가장 최선의 방책이라고 확신한다면 그렇게 할 때도 있기 때문이다.

그리스도인은 하나님의 성품에 참예한다

사도 베드로는 그리스도인을 "신의 성품에 참예하는 자"벧후 1:4라고 했다. "우리가 시작할 때에 확실한 것을 끝까지 견고히 잡으면 그리스도와 함께 참예한 자"히 3:14가 된다. 우리는 "그의 거룩하심에 참예케"히 12:10 되는 것이다. 사도 요한은 "영접하는 자 곧 그 이름을 믿는 자들에게는 하나님의 자녀가 되는 권세를 주셨으니"요 1:12라고 했다.

그리스도를 믿는다는 것은 그분을 영접한다는 것이다. 그리스도는 하나님이시고 하나님은 사랑이시다.

성령은 우리에게 그리스도를 제시해 주신다. 그리고 그리스도의 사랑을 보고, 느끼고, 알게 한다.

바른 신앙인은 그리스도의 사랑으로 충만하다. 그는 원수까지도 사랑한다.

> "우리가 형제를 사랑함으로 사망에서 옮겨 생명으로 들어간 줄을 알거니와" 요일 3:14.

"너희가 서로 사랑하면 이로써 모든 사람이 너희가 내 제자인 줄 알리라" 요 13:35고 주님은 말씀하신다.

이 같은 사랑이 마음속에 샘솟고 있는가? 다른 사람들이 우리 안에 있는 인류를 향한 주님의 사랑을 주목하고 발견하는가? 온유하고 헌신적이지 않으며 사랑의 성품을 갖지 않았다면 무언가 잘못된 것이다. 사랑이 없으면 우리가 누구의 소유이고, 우리가 경배하는 분이 누구인지 우리 자신이나 다른 사람들이 어떻게 알겠는가? 사랑은 제자 됨을 나타내는 증거이다.

> "사랑하지 아니하는 자는 하나님을 알지 못하나니 이는 하나님은 사랑이심이라" 요일 4:8.

사랑은 그리스도인의 중요한 증표요 표징이다. 사랑 이상으로 중요한 증표는 없다. 예를 들면 그리스도인에게는 세상으로부터의 구별됨이 반드시 있어야 한다. 즉 세상 가운데 벗어나는 것이 있어야 한다.

"내가 내 몸에 예수의 흔적을 가졌노라" 갈 6:17.

"아들이 있는 자에게는 생명이 있고 하나님의 아들이 없는 자에게는 생명이 없느니라" 요일 5:12.

"아들을 믿는 자는 영생이 있고 아들을 순종치 아니하는 자는 영생을 보지 못하고 도리어 하나님의 진노가 그 위에 머물러 있느니라" 요 3:36.

그리스도인이 되는 것이 우선

이 책은 그리스도인으로서 어떤 존재가 되어야 하며 또 무엇을 해야 하는지에 대해 성경에서는 어떻게 말하는지 알기 원하는 그리스도인들을 돕기 위해 집필되었다.

그러나 이 책에서 강조하는 모든 열심은, 회개하지 않은 사람이 선한 결심을 하거나 그리스도의 훌륭하신 모범을 따르려고 노력하기만 하면 그리스도인이 될 수 있음을 의미하는 것은 아니다.

앞 장에서 이슬람교도들과 힌두교인들, 유대인들도 그리스도를 '발견했다'고 밝힌 바 있다. 그러나 그들은 그리스도를 단지 위대하고 거룩한 모범을 보인 분으로서만 탐구하고 있다.

성경은 그리스도에 대해 "너희에게 본을 끼쳐 그 자취를 따라오게 하려 하셨느니라" 벧전 2:21고 분명하게 가르치고 있다. 그리스도가 오신 목적은 우리를 위해 죽으시는 것이었다.

우리는 모두 죄인이다. 그러므로 죄의 속박에서 우리를 건져 줄 구주가 필요하다.

"모든 사람이 죄를 범하였으매 하나님의 영광에 이르지 못하더니 그리스도 예수 안에 있는 구속으로 말미암아 하나님의 은혜로 값없이 의롭다 하심을 얻은 자 되었느니라" 롬 3:23-24.

하나님의 나라 밖에 있는 그 어떤 사람도, 그리스도인이 되길 열망하는 그 어떤 사람도 가장 먼저 직면해야 하는 문제는 죄이다. 그리고 그 죄에서 자신을 깨끗하게 하기 위해 예수 그리스도의 보혈에 의지해야 한다 요일 1:7. 성경은 시종일관 "피 흘림이 없은즉 사함이 없느니라" 히 9:22 고 말씀하고 있다.

우리는 수소나 양의 피가 죄를 도말시킬 수 없다는 사실을 너무나 잘 알고 있다 히 10:4. 우리가 구원을 받은 것은 오직 그리스도의 죽으심과 그의 피 흘리심 때문이다.

성경에서 말씀하는 사실 중 이보다 더 놀랍고 명백한 사실은 없다. 나는 이 사실을 반복하여 강조하고 싶다. 이 진리가 없다면 성경은 무의미한 책일 뿐이다.

그리스도의 피로 말미암아

우리는 그리스도의 보혈로만 죄 사함이 가능하다는 사실을 가르쳐 주는 성경 구절들로 성경의 모든 장章을 가득 채울 수도 있다. 하나님은 어떠한 죄인일지라도 그가 믿음과 회개로 그리스도를 바라보면 언제나 그의 죄를 용서해 주신다. 왜냐하면 "그가 모든 사람을 위하여 자기를 속전으로 주셨으니"딤전 2:6, "우리가 그리스도 안에서 그의 은혜의 풍성함을 따라 그의 피로 말미암아 구속 곧 죄 사함을 받았으니"엡 1:7, "……구속된 것은 은이나 금같이 없어질 것으로 한 것이 아니요 오직 흠 없고 점 없는 어린양 같은 그리스도의 보배로운 피로 한 것이니라"벧전 1:18-19고 성경이 증거하기 때문이다.

사도 베드로는 이 진리를 거듭 적고 있다.

"그리스도께서도 한 번 죄를 위하여 죽으사 의인으로서 불의한 자를 대신하셨으니 이는 우리를 하나님 앞으로 인도하려 하심이라"벧전 3:18.

"그가 우리를 위하여 목숨을 버리셨으니 우리가 이로써 사랑을 알고"요일 3:16.

"……우리 주 예수 그리스도로 말미암아 구원을 얻게 하신 것이라 예수께서 우리를 위하여 죽으사"살전 5:9-10.

"하나님이 죄를 알지도 못하신 자로 우리를 대신하여 죄를 삼으신 것은 우리로 하여금 저의 안에서 하나님의 의가 되게 하려 하심이니라"고후 5:21.

"우리가 아직 죄인 되었을 때에 그리스도께서 우리를 위하여 죽으심으로 하나님께서 우리에게 대한 자기의 사랑을 확증하셨느니라"롬 5:8.

"……하나님이 우리를 사랑하사 우리 죄를 위하여 화목제로 그 아들을 보내셨음이니라"요일 4:10.

우리는 이 같은 진리를 명백하게 계시해 주신 은혜로우신 아버지 하나님께 감사드려야 한다. 따라서 우리는 "보라 세상 죄를 지고 가는 하나님의 어린양이로다"요 1:29라고 한 세례 요한처럼 예수 그리스도를 바라보아야 한다.

"친히 나무에 달려 그 몸으로 우리 죄를 담당하셨으니 이는 우리로 죄에 대하여 죽고 의에 대하여 살게 하려 하심이라 저가 채찍에 맞음으로 너희는 나음을 얻었나니" 벧전 2:24.

"그는 실로 우리의 질고를 지고 우리의 슬픔을 당하였거늘 우리는 생각하기를 그는 징벌을 받아서 하나님에게 맞으며 고난을 당한다 하였노라 그가 찔림은 우리의 허물을 인함이요 그가 상함은 우리의 죄악을 인함이라 그가 징계를 받음으로 우리가 평화를 누리고 그가 채찍에 맞음으로 우리가 나음을 입었도다 우리는 다 양 같아서 그릇 행하여 각기 제 길로 갔거늘 여호와께서는 우리 무리의 죄악을 그에게 담당시키셨도다" 사 53:4-6.

하나님의 자녀로서의 삶

그러므로 우리 중 누구도 그리스도인이 되기 전에 그리스도 닮은 자가 되려는 우를 범해서는 안 된다.

"하나님이 세상을 이처럼 사랑하사 독생자를 주셨으니 이는 저를 믿는 자마다 멸망치 않고 영생을 얻게 하려 하심이니라" 요 3:16.

"영접하는 자 곧 그 이름을 믿는 자들에게는 하나님의 자녀가 되는 권세를 주셨으니" 요 1:12.

믿으라! 영접하라!

그리하면 우리 안에 거하시는 예수님이 우리가 마땅히 하나님의 아들로서 살아야 할 삶을 살게 하실 것이다. 그분을 인정하기만 한다면 말이다.

그것이 곧 그리스도 닮는 삶이다.

그리스도 닮은 위대한 그리스도인

폴리카르포스

폴리카르포스(폴리갑) Polycarpus 69경-155경

사도 요한의 제자이자, 요한계시록에 나오는 일곱 교회 중 하나인 서머나 교회의 주교로 기독교 순교사에 가장 감동적이고 인상적인 일화를 남긴 위인이다.

한편으로는 한없이 온유하고 겸손한 성품으로 또 한편으로는 이설과 타협하지 않고 정도를 걷는 강직함으로 곧잘 예수 그리스도와 비견되었던 폴리카르포스는 마르쿠스 아우렐리우스(Marcus Aurelius) 황제 치하에서 벌어졌던 기독교 박해에도 초연하고 당당한 태도를 견지하였다. 주위의 간청에도 불구하고 그는 서머나를 떠나지 않았으며 체포되던 당일에도 잡으러 온 군인들에게 기도할 시간을 달라고 하였을 뿐이었다.

끈질긴 회유와 협박도 그의 굳건한 신앙을 흔들지 못했다. 그리스도를 비난하고 부정하라는 권고에 그는 고령임에도 불구하고 오히려 심문하던 총독을 압도하는 논지를 폈다.

86년 동안 나는 그리스도의 종이었습니다. 그동안 그분은 한 번도 나를 부당하게 대우하신 적이 없습니다. 그런데 어찌 지금까지 섬겨 온 나의 주인이자 왕이요 구세주이신 그분을 모독할 수 있겠습니까? ······내 신앙 고백을 똑똑히 들어 보십시오. 나는 그리스도인입니다.

서머나 폴리카르포스 기념교회 내부

설득을 포기한 총독은 세 차례에 걸쳐 "폴리카르포스는 자신이 그리스도인이라고 고백했다."고 공표하였다. 그리하여 폴리카르포스는 작업장과 공중 목욕탕에서 모아 온 나뭇단 더미 위에 올라서야 했다. 끝까지 위엄에 찬 모습을 잃지 않았던 위대한 순교자는 기도하기 시작했다.

예수 그리스도를 통해 당신에 관한 지식을 주신 아버지시여! 오늘 저로 순교자의 반열에 서게 하여 주심을 감사드립니다. 제 몸과 영혼이 영생의 부활을 얻기에 합당하다고 여기시고 그리스도의 잔에 참여하게 하여 주심을 감사드립니다. 당신이 예비하시고 계시하시고 이루신 향기로운 제물로서 받아들여지기를 원합니다.

수많은 기적적인 이야기들이 그의 최후와 관련되어 언급되고 있으나, 지금까지도 우리의 심금을 울리는 것은 그러한 전설이 아니라 90세를 바라보는 노성도의 견고하기 이를 데 없는 자기 정체성에 대한 확신이라고 할 수 있다.

그는 '그리스도와 같은 사람' 또는 '그리스도와 비슷한 사람' 이라는 의미의 '그리스도인'을 자기 자신에 대한 정의로 만천하에 알림으로써 죽음에 대한 공포마저 뛰어넘는 초인적인 의지를 자랑하는 동시에 끔찍한 비인간적 탄압에 누구보다 고상하고 엄중하게 항거할 수 있었다. 그리고 교회사에 지우지 못할 숭고한 순교의 전례를 남김으로써 동시대의 용기 없는 그리스도인들에게 그리스도인의 진정한 정의와 의무에 대해 가르쳐 줄 수 있었다.

가이사랴의 주교이자 교회 역사가인 유세비우스(Eusebius)는 그의 유명한 저작 『교회사』에서 이렇게 언급하고 있다.

폴리카르포스는 택한 자의 한 사람으로서 당대에 가장 훌륭하고 사도적이며 예언적인 교사였다. 그가 말한 것들은 모두 이루어졌거나 장차 이루어질 것이었다.

레몽 페르(Raymond C. Père)가 그린 『폴리카르포스의 순교』, 서머나 폴리카르포스 기념교회 소재

그리스도를 닮는 것은

그리스도의 거룩하신 성품에 동참하는 것으로 곧 하나님을 닮는 것이다.
하나님의 능력으로 속사람이 강건해지면 우리는 거룩하고 영광스러운 존재로 변한다.

3

What Is Christlike?

그리스도를 닮는 것이란 무엇인가

그리스도를 닮는 것이란 무엇인가

그리스도를 닮는 것은
그리스도의 거룩하신 성품에 동참하는 것으로 곧 하나님을 닮는 것이다.
하나님의 능력으로 속사람이 강건해지면 우리는 거룩하고 영광스러운 존재로 변한다.

"그리스도 닮은 그리스도인!" 한 친구는 이렇게 소리쳤다. 그러면서 "왜 모든 그리스도인이 그리스도 닮은 그리스도인이 아니지?"라고 했다. 사실 그렇기도 하고 아니기도 하다.

그리스도의 마음을 소유하지 않으면, 주의 영을 가지지 않으면 그는 그리스도의 소유가 아니며 따라서 그리스도인이 아니다.

그리스도를 닮는 것

예수님은 모든 그리스도인의 마음속에 거하신다. 그러나 우리 각자의 신앙 수준으로 인해 그분이 그리스도인의 마음속에서 항상 왕으로, 주로, 주인으로서 좌정하시는 것은 아니다. 바로 이런 이유로 극소수의 사람들만이 진정 그리스도 닮은 자로 두드러지게 보일 수밖에 없다.

여기저기에서 요란하게 그리스도를 닮았다고 자처하는 자들이 있다. 우리에게 그리스도를 닮고자 하는 열망, 노력과 수고가 부족한 것은 아니다. 사실 우리는 그리스도 닮은 그리스도인이 되길 열렬히 염원하고 있다.

문제는 그리스도를 닮는다는 것이 무엇인가 하는 점이다. 당신은 이것의 정확한 의미를 알아보기 위해 깊이 숙고한 적이 있는가? 그리스도의 중요한 성품이 무엇인지 자문해 보았는가? 무엇이 그리스도를 '사랑 그 자체인 분'으로 만들었는가?

예수를 믿는 영국인 운동선수 한 사람이 한낮의 열기가 쏟아지는 수단의 사막을 지나게 되었다. 거기에서 그는 한 아랍인 족장을 만났다. "당신은 선지자 예수를 아시오?" 나이 지긋한 족장이 물었다. 운동선수는 "예, 그분을 압니다."라고 대답했다. 족장은 계속해서 물었다. "그렇다면 그분은 곧 오십니까?" "그것은 오직 하나님만이 아십니다. 그러나 제가 확신하는 것은 그분이 다시 오신다는 것입니다." "그렇다면 내가 왜 이런 질문을 했는지 얘기해 주겠소. 그리스도가 어떤 분인지 내게 얘기해 줄 수 있소? 그러면 내가 이곳에서 그분을 만나게 되면, 그분의 얼굴을 알아보고 기쁘게 영접할 것이오."

예수 그리스도

지금 나와 당신도 이와 동일한 질문을 던지고 있다. 그리스도는 어떤 분인가? 어떻게 내가 그리스도를 다른 사람들에게 알릴 수 있는가? 어떻게 하면 그리스도를 올바로 알 수 있는가? 그리스도 예수의 얼굴에 있는 "하나님의 영광"은 무엇인가?고후 4:6

이 같은 신령한 지식을 가지려는 열정이 있을 때 비로소 우리는 그리스도를 다른 사람에게 보여줄 수 있다. 그리스도 닮는 것이 무엇인지 알지 못한다면 그리스도 닮기란 불가능하다.

"……그가 나타내심이 되면 우리가 그와 같을 줄을 아는 것은 그의 계신 그대로 볼 것을 인함이니" 요일 3:2.

이 말씀처럼 우리가 그리스도를 아직까지는 "거울 속에서 보는 것같이 희미하게" 보지만 그럼에도 불구하고 이제 그분을 어느 정도 인식할 수 있다. 주님은 심령이 가난한 자가 하나님을 볼 수 있다고 하시지 않았던가? 또한 "주를 향하여 이 소망을 가진 자마다 그의 깨끗하심과 같이 자기를 깨끗하게 하느니라" 요일 3:3고도 성경은 가르치고 있다.

그러므로 이제 "하나님의 영광을 보고자 하는 청결한 눈"을 가지고 다시 한번 주 예수님께 주목하자. 그분은 "육신으로 나타난 하나님" 딤전 3:16이라는 사실을 기억하면서 주 예수님을 경외하도록 하자.

진정 주님은 육신으로 나타난 하나님이시다. 이것은 "커다란 경건의 비밀" 딤전 3:16이며 "하나님과 같음"이다. 왜냐하면 주님 스스로 다음과 같이 말씀하셨기 때문이다.

"예수께서 가라사대 빌립아 내가 이렇게 오래 너희와 함께 있으되 네가 나를 알지 못하느냐 나를 본 자는 아버지를 보았거늘 어찌하여 아버지를 보이라 하느냐" 요 14:9.

"나와 아버지는 하나이니라 하신대" 요 10:30.

"본래 하나님을 본 사람이 없으되 아버지 품속에 있는 독생하신 하나님이 나타내셨느니라" 요 1:18.

그리스도를 닮는 것은 하나님을 닮는 것이다

그러므로 그리스도를 닮는 것은 하나님을 닮는 것이다. 그렇다면 하나님을 닮는다는 것은 또 무엇인가? 그리스도가 이 땅에 오시기 전까지 있었던 사람들 중 모세는 하나님의 영광을 가장 많이 본 사람이었다. 시내산에서 하나님과의 신령한 교제 속에 몇 날을 보낸 후 모세는 하나님께 아주 훌륭한 기도를 드렸다. 그는 "원컨대 주의 영광을 내게 보이소서"라고 간구했다. 하나님은 이 때 그분 자신, 곧 자신의 성품을 가장 명확하게 계시해 주셨다. 하나님은 이렇게 말씀하셨다.

"······내가 나의 모든 선한 형상을 네 앞으로 지나게 하고 여호와의 이름을 네 앞에 반포하리라······네가 내 얼굴을 보지 못하리니 나를 보고 살 자가 없음이니라" 출 33:19-20.

모세의 기도에도 불구하고 하나님이 응답을 늦추신 이유가 무엇인가? 하나님은 자신의 성품을 단 한 번에 계시하지 않으셨다. 하나님은 모세에게 "아침 전에 예비하고 아침에 시내산에 올라 오라"고 하셨다. 그러나 하나님은 "너는 돌판 둘을 처음 것과 같이 깎아 만들라 네가 깨뜨린 바 처음 판에 있던 말을 내가 그 판에 쓰리니" 출 34:1라고 그 전에 해야 될 일을 말씀하셨다.

하나님은 이스라엘 백성을 위해 돌판에 계명들을 "친히 써서" 출 31:18

준비해 놓으셨다. 그러나 모세는 이스라엘 백성의 죄악을 목도하고 이 돌판을 내리쳐 깨트려 버렸다.

하나님이 모세에게 '선하심'을 계시하시기 전에, 모세는 자신이 손상시킨 하나님의 영광을 먼저 회복시켜야만 했다. 이 사건은 다분히 상징적이다. 그리고 이 속에는 우리를 향한 교훈이 숨어 있다. 하나님의 계명의 어떤 부분을 마음대로 깨트렸다고 하자. 그래 놓고 우리가 하나님의 영광, 즉 그분의 선하심과 신성하심을 보리라고 기대하거나 소망할 수 있겠는가?

모세는 돌판을 깨트린 그 날 아침 하나님께 무슨 말씀을 들었는가? 하나님의 선하심은 무엇인가? 다음 말씀에 주목하자!

"여호와로라 여호와로라 자비롭고 은혜롭고 노하기를 더디 하고 인자와 진실이 많은 하나님이로라" 출 34:6.

"여호와여 신 중에 주와 같은 자 누구니이까 주와 같이 거룩함에 영광스러우며 찬송할 만한 위엄이 있으며 기이한 일을 행하는 자 누구니이까" 출 15:11라고 모세는 노래했다. 이 같은 하나님이 거룩함, 즉 하나님 닮기를 우리에게 요청하시는 것이다.

우리는 하나님의 거룩하신 성품에 동참하는 자들이다. 얼마나 아름답고 감격스러운 일인가! 이제 "영원히 계시사 높고 고귀하신" 하나님이 "겸손하며 통회하는 자" 사 57:15 참조의 마음속에 어떻게 거하시는지, 그리고 그것이 어떻게 가능한지 살펴보자. 다윗은 "여호와는 자비로우시며 은혜로우시며 노하기를 더디 하시며 인자하심이 풍부하시도다" 시 103:8라고 했다.

예수님은 하나님을 놀라운 방법으로 인간에게 계시하시기 위해 이 땅에 오셨다. 주님은 하나님을 인간적인 방법으로 우리에게 계시해 주셨다. 그렇다면 인간은 그리스도 예수 안에서 무엇을 발견하는가?

"말씀이 육신이 되어 우리 가운데 거하시매 우리가 그 영광을 보니 아버지의 독생자의 영광이요 은혜와 진리가 충만하더라" 요 1:14.

시편 기자는 이 날을 소망하며 다음과 같이 노래했다.

"왕은 인생보다 아름다워 은혜를 입술에 머금으니 그러므로 하나님이 왕에게 영영히 복을 주시도다" 시 45:2.

그러므로 나사렛 예수가 사람들의 마음을 그토록 사로잡았던 이유는 바로 하나님의 자비로우심 때문이다. 친구였든 대적이었든지 간에, 그들 모두는 '그리스도의 입을 통해 쏟아져 나오는 은혜의 말씀'에 놀랐던 것이다. 그렇다. 은혜와 진리가 그리스도 예수 안에서 만난 것이다 요 1:17. 거룩함을 추구하는 자들, 곧 그리스도 닮기를 열망하는 자들은 크고 비밀한 일을 추구한다.

이들이 하나님의 사랑으로부터 솟아나오는 자비로 친구나 원수에게까지 자비로워지고자 하는 노력을 중단한다면, 거룩을 위한 그들의 추구는 끝이 날 것이다. 주님은 우리가 우둔하여 하지 못하는 일까지도 하실 수 있다. 주님은 천사를 부르실 수도 있다. 주님이 정녕 이 같은 일을 하신다면, 그것은 오직 우리의 유익을 위해서이다.

주님은 이렇게 말씀하셨다.

3. 그리스도를 닮는 것이란 무엇인가

"나는 마음이 온유하고 겸손하니 나의 멍에를 메고 내게 배우라 그러면 너희 마음이 쉼을 얻으리니" 마 11:29.

"너희 원수를 사랑하며 너희를 핍박하는 자를 위하여 기도하라" 마 5:44.

하나님이 어떤 분인지 알아 가기 시작했는가? '신령한 성품'이 무엇인지 깨달았는가? 사실 신령한 성품이란 얼마나 단순하고 평범한 것들로 이루어져 있는지!

모든 이에게 가능한 영광

그리스도 닮는 삶이 모든 이에게 가능하다는 영광스러운 사실을 깨달을 때, 하나님의 거룩하신 이름을 찬양하고 그분께 경배드리지 않을 수 있겠는가?

하나님의 능력으로 우리의 속사람이 강건해지면 우리 모두는 자비롭고, 은혜로우며, 오래 참고, 관용하며, 진실하고, 겸손하고, 겸허하며, 용서하고 또한 거룩하고 영광스러운 존재로 변할 것이다.

성령 충만한 바울 사도는 "하나님이 성령과 능력으로 그리스도께 기름 부으셨다."고 고백했다.

무엇을 위해서 하나님은 그리하셨는가?

이에 대해 성경은, "저가 두루 다니시며 착한 일을 행하시고……이는 하나님이 함께 하셨음이라" 행 10:38고 가르친다. 우리는 죄와 짝하지 말아야 한다. 우리는 그리스도의 흘리신 보혈로 깨끗함을 받았다. '그리스도가 성결하시기 때문에' 우리도 성결해야 한다.

"오직 너희를 부르신 거룩한 자처럼 너희도 모든 행실에 거룩한 자가 되라" 벧전 1:15.

우리는 삶의 모든 행실에 있어서 거룩해져야 한다. 그러면 어떻게 해야 하는가에 대해서는 다음 장에서 논의하기로 하자. 지금 우리가 알아야 할 것은 하나님은 어떤 분인가이다.

우리는 어떠한 사람도 하나님의 거룩한 성품에 완전히 다다를 수는 없다는 사실을 의도적으로 논의에서 제외시켜 왔다. 하나님의 전지전능하심, 무소부재하심, 크신 영광, 위엄 등을 생각하자는 것이 아니다. 우리는 인간의 관점에서 예수 그리스도를 바라보아 왔다. 즉 인간의 눈이 볼 수 있고, 인간의 유한한 이성이 이해할 수 있는 것들을 찾아왔으며, 그 결과 우리는 그리스도를 자비로우시며 선하시며 진실하신 분으로 알게 되었다. 인류에게 호소하는 하나님은 바로 이 같은 분이다.

한 중국인이 침대에 누워 임종을 맞이하면서 생애 처음으로 "오! 그리스도와 그분의 사랑이여!"라고 정직하게 외쳤다. 그리고는 "나는 하나님이 어디에선가 계실 거라고 생각해 왔다."고 했다.

한 나이 많은 힌두교 여인도 이와 비슷한 이야기를 했다. "나는 하나님이 꼭 계셔야 한다고 항상 생각해 왔다."

영적 각성을 갈망하면서도 아직 자신이 믿는 종교가 전적으로 진실하다고 믿는 인도의 한 학생이 이런 얘기를 했다. "우리의 종교는 불변의 의무를 강요한다. 그리고 은혜에 대해서는 전혀 알지 못한다. 그러나 우리는 잘못을 범하면서도 그 이유를 알지 못한다. 말하자면 우리는 죄와 실수의 물결 속으로 인도당한다. 죄의 능력은 우리의 연약한 존재에 비해 너무나 강하다. 그러므로 나는 나에게 자비를 베풀어 주실 하나님이 계셔야 한다고 생각한다. 그분은 나의 연약함을 아실 것이고 나를 죄와 유혹의 수렁에서 건져 주실 것이다."

이 학생은 예수님이 하나님은 자비로우신 분눅 6:36이라고 우리에게 가르쳐 주신 것을 알지 못했다. 그는 또한 우리 주님이 은혜와 진리로 충만하신 분임을 알지 못했다.

사랑이신 하나님을 보이라

하나님을 찾는 세상에 하나님을 보여주는 것이 우리의 임무요 특권이다. 우리는 오직 그리스도 닮은 자가 될 때 이 같은 사역을 감당할 수 있다. 그러나 이것은 우리 자신의 노력으로는 불가능하다.

그리스도가 육신이 되셨을 때 그분으로 말미암아 진리와 은혜가 도래했다. 이와 마찬가지로 하나님의 성품에 참예함으로, 그리고 믿음으로 그리스도를 우리 안에 거하시게 함으로 우리는 진리와 은혜가 도래하게 해야 한다.

그리고 우리 안에 그리스도를 소유하기 전에 먼저 다음의 사실을 명심해야 한다. 그것은 그리스도가 우리를 위하여 십자가에서 돌아가셨다는 것과, 그리스도의 속죄의 피를 반드시 믿어야 한다는 것이다.

당신은 하나님에 대한 가장 완전하고, 이해하기 쉽고, 단순 명료한 언급, 즉 '하나님의 사랑'이 이 책에서 누락되었다고 생각하는가? 사실 그렇다. 그러나 잊어버린 것이 아니다! 하나님은 사랑이시다. 이 말의 의미를 다음

장들에서 알아보자. 성경은 "주께서 너희 마음을 인도하여 하나님의 사랑과 그리스도의 인내에 들어가게 하시기를 원하노라"살후 3:5고 말한다. 이렇게 말하는 이유는 이것이야말로 그리스도를 닮는 비결이기 때문이다.

우리에게 무언가 결여되었다는 것은 다음과 같은 사실에서도 분명해진다. 오늘날 일반 대중은 그리스도인에게 그리 큰 사랑을 보이지 않는다.

"백성이 즐겁게 듣더라" 막 12:37.

"모든 세리와 죄인들이 말씀을 들으러 가까이 나아오니" 눅 15:1.

이는 그들이 주님을 어떻게 여겼는지 보여준다. 우리가 진정 그리스도 닮은 자들이라면 이들보다 더 주님을 청종해야 하지 않겠는가? 또한 죄인들이 우리 말을 들으러 모여들지 않는다는 사실을 생각해 보라.

세상 사람들이 우리 안에 계시는 예수 그리스도를 볼 때 그분을 경모하지 않겠는가?

터키 의회 의원이자 고위직에 있던 한 사람은 20명의 이슬람교도들이 그리스도에 관해 이야기하는 것을 얼핏 들었다. 그들로부터 성경을 아느냐는 질문을 받았을 때, 그는 이렇게 대답했다. "네. 아주 잘 알고 말고요. 나는 성경 전체를 관통하고 있는 주황색 실과도 같은 단 하나의 주제를 발견하였습니다. 그것은 영생입니다. 우리는 유일하고 참되신 하나님과, 그분이 보내신 예수 그리스도를 성경을 통해 알 수 있습니다."

그러므로 우리의 목표는, 우리가 주 예수를 닮아 사람들이 우리 안에 있는 그리스도를 보고 그리스도를 알도록 하는 것이다.

그리스도 닮은
위대한 그리스도인

로버트 맥셰인

로버트 맥셰인 Robert M. McCheyne 1813-1843

그리스도를 닮은 인생길로 인해 '작은 예수'라 불리는 맥셰인은 짧은 생을 누렸음에도 지금까지 수많은 개신교도들에게 영향을 끼치고 있는 스코틀랜드의 목회자이자 부흥 운동 지도자이다.

스코틀랜드 에든버러의 변호사 집안에서 다섯 번째 아들로 태어난 그는 어릴 때부터 어학과 문예 부문에서 뛰어난 소질을 보였다. 그의 풍부하고 섬세한 감성은 유년 시절의 대부분을 풍광이 아름다운 스코틀랜드의 자연 속에서 보내면서 더욱 깊어져 갔고 훗날 탁월한 시재(詩才)를 발휘하는 데 일조하였다.

그는 에든버러 대학교 신학부에서 토머스 찰머스(Thomas Chalmers), 데이비드 웰시(David Welsh) 등 당시 복음주의 강단에 섰던 최고의 설교자들 밑에서 수학하였는데, 이는 그가 20대 청년임에도 전대미문의 부흥을 불러일으킨 걸출한 설교자가 되게 하는 데 초석이 되었다.

라버트에서 부목으로서 목회 생활을 시작한 그는 23세가 되던 1836년, 절대 다수의 득표에 의해 던디에 있는 세인트피터 교회의 목사로 추대되었고, 이로부터 교회 역사에 길이 남을 7년 6개월의 목회가 시작되었다. 맥셰인은 목회 내내 문자 그대로 '섬기는 목회'로 성도들을 감동시키고 성화에의 열망에 타오르도록 인도했다.

그의 명성은 마치 성자와도 같았던 그의 거룩한 삶에서도 기인하지만, 무엇보다도 그가 팔레스타인 지역을 편력하던 시기에 세인트피터 교회에서 일어난 대부흥에서 비롯되었다고 할 수 있

던디의 세인트피터 교회

다. 순회 강사였던 윌리엄 번스(William C. Burns)가 그의 부재를 대신하고 있던 교회에서 강력한 성령의 역사가 일어났던 것이다. 회중으로 하여금 회심의 통곡을 하게 한 부흥의 불길은 먼저는 교회를 훑고 이어서 그 지역 전체에 힘을 발휘하였다. 술집들이 문을 닫았고 지하 탄광과 농장과 직조 공장에서 찬송이 흘러나왔다.

맥세인 역시 이 놀라운 역사에 감동받고 이렇게 각성된 영혼들을 계속 양육해야 할 의무를 느꼈다. 이후로 그가 주재한 정규 집회와 특별 집회에서는 끊임없이 성령의 특별한 역사가 이어졌는데, 이는 그가 세상을 떠나기까지 3년 반 동안 지속되었다.

맥세인은 신령한 사역에 몰두한 자였다. 그의 마음은 복음의 메시지로 가득 채워져 있었고, 정신은 불신자를 구원하고 성도들을 '용서받은 죄인이 도달할 수 있는 최고의 거룩함'에 이르게 하는 데에만 집중되어 있었다. 1843년, 여느 때처럼 몸을 사리지 않고 심방하던 그는 당시 던디 지역에 퍼져 있던 발진 티푸스에 감염되고 말았다. 처음에는 몸살 정도로 생각했지만 회복하지 못했고 결국 30세의 꽃다운 나이에 눈을 감아야 했다.

스코틀랜드의 그리스도인들은 시종일관 경건한 복음 전도자로서의 모습을 잃지 않았던 그의 죽음을 한마음으로 애도했다. 7천여 명이 장례식에 참석했으며, 그 날 던디 시내의 모든 상점은 문을 닫아 그들 곁에서 예수 그리스도가 살아 계시듯 불같은 말씀을 쏟아내던 목자이자 온화하고 다감하기 이를 데 없는 청년 신사였던 맥세인에게 조의를 표했다.

맥세인의 무덤

어린아이가 아버지께 하듯 하나님께 신뢰와 사랑을 보여드리면,
우리는 그리스도 닮은 자가 될 수 있다.
그런데 하나님을 향한 사랑과 신뢰도 하나님으로부터의 선물이다.

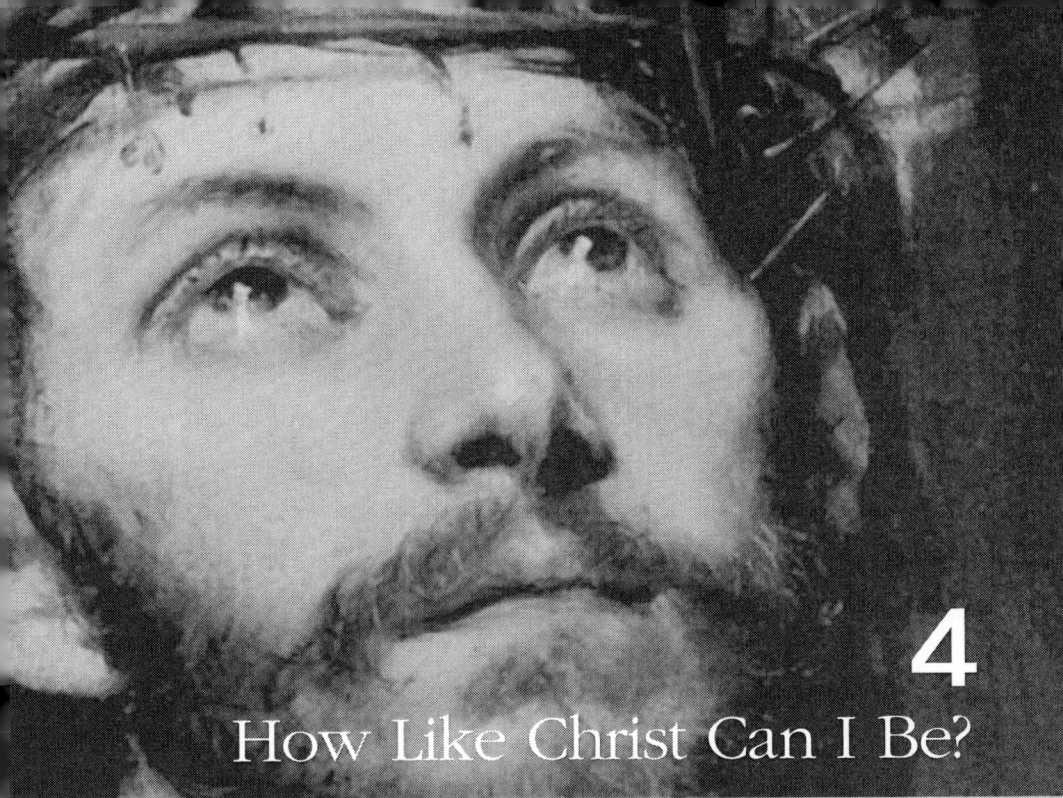

4

How Like Christ Can I Be?

어떻게 그리스도를
닮을 수 있는가

어떻게 그리스도를 닮을 수 있는가

어린아이가 아버지께 하듯 하나님께 신뢰와 사랑을 보여드리면,
우리는 그리스도 닮은 자가 될 수 있다.
그런데 하나님을 향한 사랑과 신뢰도 하나님으로부터의 선물이다.

"당신은 거룩한 자가 되기 위해 태어났다. 그리고 그처럼 거룩한 자가 되기까지는 비참한 경험을 하게 될 것이다."

포브스 로빈슨Forbes Robinson이 친구에게 보낸 글이다. 하나님을 닮기 위해 노력하는 모든 세대의 사람들을 볼 때 이 말이 실감 난다.

신의 성품

플라톤Platon 이후부터 고대 그리스 철학자들은 도덕적 성향이라는 측면에서 인간은 신을 닮아야 한다고 강조해 왔다.

에픽테토스Epictetos는 "당신은 먼저 신들의 성품이 무엇인지 배워야 한다. 신들에게 복종하거나 기쁘게 하려면 당신은 먼저 그 신들을 닮도록 노력해야 한다."고 말했다.

이것은 고대부터 내려오는 교훈이다. 즉 인간은 신들이 말하고 행하는 것을 똑같이 말하고 행해야 한다는 것이다.

그러나 이방신을 닮으려 해도, 심지어 그 신들 가운데 가장 탁월한 신이라 해도 이것은 도리어 우리를 거룩에서 멀어지게 할 뿐이다.

이와 비슷하게 스토아 학파도 인간은 신들을 닮아야 한다고 가르쳤다. 이 같은 여러 정황을 볼 때 인간이 하나님을 발견하여 그분을 따르려고 시도하는 것은 전혀 새로운 일이 아니다.

수천 년 전 인도의 한 시인은 우상 숭배의 암흑 속에서 이렇게 외쳤다.

암흑 속에 버려진 채 나는 방황한다.
어디에 빛이 있는가? 빛이란 없는가?
나는 아무것도 알지 못한다. 다만 방황할 뿐.
빛이란 과연 없는가? 어디에 빛이 있는가?

주여, 나는 광막함 속에서 방황합니다.
길은 어디에 있는지요? 길은 없는 것인지요?
방황하는 내가 어떻게 당신께 다다를 수 있사옵니까?
길이란 없는 것입니까? 어디가 길이니이까?

빛이 있는 곳

오늘날 수많은 사람들이 아직도 하나님을 찾아 헤매고 있다. 그들을 돕길 얼마나 염원해 왔던가!

그러나 우리 자신도 도움이 필요하다. 하나님을 사랑하는 우리는 우리의 죄악을 깊이 인식하고 있다. 그리스도가 우리에게 제시해 주신 모범에서 얼마나 동떨어져 있는지 우리는 알고 있다.

> 자발적인 마음을 가졌다면
> 하나님께 최선의 봉사를 하려 할 것이다.
> 그리고 자기 속에 있는
> 대부분의 죄악을 통감할 것이다.

50년 전 헨리 드러먼드Henry Drummond는, "사람들의 영적 갈망의 강도는 상상을 초월할 정도이다."라고 말했다. 이 말은 예전 그 어느 때보다 오늘날 더욱 사실로 드러난다.

얼마나 많은 사람들이 집회에 몰려드는가! 수많은 영혼들이 말 그대로 살아계신 하나님께 목말라 있다. 그러나 사람들은 너무나 빈번히 그리스도인에게 경멸을 표하고 등을 돌려 버린다. 그들이 되돌아 가는 곳은 어디인가? 그곳에 아무런 빛이 없지 않은가?

예수님은 "나는 세상의 빛이니 나를 따르는 자는 어두움에 다니지 아니하고 생명의 빛을 얻으리라"요 8:12고 말씀하셨다. 사람들은 다시 "빛이 어디 있는가?"라고 외친다. 예수 그리스도는 오늘날 예수님을 따르는 모든 자들에게 1,900여 년 전과 동일하게 "너희는 세상의 빛이라 산 위에 있는 동네가 숨기우지 못할 것이요"마 5:14라고 말씀하신다.

그리스도를 찾는 삶

"길은 없는 것인가?" 이 같은 부르짖음이 바다 건너 이방인들이나 우리 주위 사람들의 입에서 흘러나오고 있다.

이에 대해 예수님은 "내가 곧 길이요 진리요 생명이니 나로 말미암지 않고는 아버지께로 올 자가 없느니라" 요 14:6고 하신다. 그리스도를 계시하는 그리스도인들이 오늘날 얼마나 크게 요청되는가!

뉴욕의 한 랍비 지도자는 금년 봄 유대인들에게 "여러분! 그리스도가 우리 민족에게서 탄생하셨음을 잊지 맙시다."라고 호소했다. 그리스도인들 또한, 우리 주님이 우리가 그리스도를 계시하기를 원하신다는 사실을 잊지 말자.

"어두운 데서 빛이 비취리라 하시던 그 하나님께서 예수 그리스도의 얼굴에 있는 하나님의 영광을 아는 빛을 우리 마음에 비춰셨느니라" 고후 4:6.

세상 사람들은 우리를 보며 "더욱더 그리스도 닮은 자가 되라!"고 소리친다. 또 "당신들의 삶을 통해 그리스도를 보이라!"고 외친다. 그러므로 우리는 구주를 바라보며 우리를 축복해 달라고, 주님을 닮게 해달라고 간구해야 한다.

나는 진지한 열정을 지닌 어떤 사람으로부터 승리하는 삶의 비결을 알려 달라는 편지를 받은 적이 있다. "온전히 복종했으나 실패하고 말았습니다. 도대체 무엇이 잘못되었습니까?"

오늘날 사람들은 욥처럼 절규한다. "오! 어디에서, 어떻게 당신을 찾을 수 있나이까?" 사람들은 우리 안에서 그리스도를 찾으려 한다. 그러나 너무도 많이 사도 바울의 고백이 우리의 고백이 되고 만다.

"이제는 이것을 행하는 자가 내가 아니요 내 속에 거하는 죄니라" 롬 7:17.

이제 "어떻게 주님을 닮을 수 있는가?"라고 묻기보다 먼저 "어느 정도나 주님을 닮을 수 있는가?"라고 질문하게 된다.

예수 그리스도의 초상

미술 수업이 끝난 후 한 어린 학생이 교사를 찾아와서, "선생님, 제발 부탁인데, 예수님 한번만 그려 주세요."라고 했다. 순간 그 교사는 당황해서 어쩔 줄을 몰랐다. 그래서 이렇게 말했다. "얘야, 네 스스로 예수님을 한번 그려 보겠니? 그림을 그리고 그것을 내게 보여주렴."

잠시 후 그 학생이 돌아왔다. 학생의 도화지에는 조그마한 동그라미 하나가 그려져 있을 뿐이었다. 학생은 설명했다. "저는 예수님의 얼굴을 그릴 수 없어요. 예수님의 얼굴에서 나오는 광채밖에는 그릴 수가 없었어요."

이 어린아이에게서 우리 모두는 깊은 교훈을 배운다.

우리는 사실 자신이 예수 그리스도의 살아 있는 초상이 되기를 염원한다. 또한 사도 바울처럼 "이는 내게 사는 것이 그리스도니 죽는 것도 유익함이니라"빌 1:21고 고백하기를 갈망한다.

그러나 우리는 어떤 형태로든 실패를 경험한다. 그래서 우리에게 있는 그리스도의 후광마저도 이제 너무나 희미하고 불완전해져서 다른 사람들이 그것을 인식하지 못할 정도가 된다. 우리 가운데 담겨 있어야 할 '거룩한 불빛'이 너무나 미미한 나머지 기껏해야 '연기만 풀풀 날리는 불씨'로 나타난다.

그러나 오순절 성령 강림 이전의 사람인 세례 요한을 가리켜 주님은

"켜서 비취는 등불"요 5:35이라고 하셨다.

그렇다면 오늘날의 우리가 "소망이 부끄럽게 아니함은 우리에게 주신 성령으로 말미암아 하나님의 사랑이 우리 마음에 부은 바 됨이니"롬 5:5라고 고백하는 자가 될 수 없단 말인가?

결코 그렇지 않다. 우리는 하나님의 후광에만 안존할 수 없다. 우리 모두는 성령 충만받기를 원한다. 그리하여 "예수의 생명도 우리 몸에 나타나게 하려"고후 4:10 한다.

우리는 서로 인내해야 하지 않겠는가? 서로 사랑하고 자비로워야 하지 않겠는가? 우리는 수많은 결점들을 가지고 있다. 이 같은 사실을 얼마나 뼈저리게 통감하고 있는가! 그래서 우리는 감히 다른 사람을 정죄하지 못하는 것이다.

우리 안에 거하소서

그리스도 닮은 자 되려면 최대한의 도움과 용기가 필요하다. 그러나 우리는 '어느 정도나 그리스도를 닮을 수 있는가?'라는 물음이 단순히 그리스도를 그대로 모방하는 것이 아니라는 사실을 기억해야 한다. 이 사실을 망각한다면 우리는 절망하고 말 것이다.

그리스도를 닮는다는 것은 그분을 단순히 모방하는 것보다 훨씬 더 위대한 일이다. 사도 바울은 에베소 교인들을 위해, 믿음을 통해 그리스도가 그들 가운데 거하시게 되기를 간구했다 엡 3:17.

우리도 이와 동일한 기도를 드려야 하지 않겠는가? 주님은 우리 안에 삼위 일체, 즉 성부, 성자, 성령이 거하셔야 한다고 가르치지 않으셨던가?

"내가 아버지께 구하겠으니 그가 또 다른 보혜사를 너희에게 주사 영원토록 너희와 함께 있게 하시리니……그 날에는 내가 아버지 안에, 너희가 내 안에, 내가 너희 안에 있는 것을 너희가 알리라……예수께서 대답하여 가라사대 사람이 나를 사랑하면 내 말을 지키리니 내 아버지께서 저를 사랑하실 것이요 우리가 저에게 와서 거처를 저와 함께 하리라" 요 14:16, 20, 23.

주를 따르는 제자들이여, 하나님이 내주하시면 어떤 가시적인 결과가 나타나겠는가? 하나님이 우리 안에서 자신을 나타내시는 일을 방해하는 내적 방해물은 무엇인가?

완전에 대한 명령

오직 그리스도만을 드러내는 것이 바로 그리스도를 닮는 것이다. 이제 이 문제에 대해 우리 주님이 어떻게 말씀하시는지 알아보자.

주님은 제자들에게 "그러므로 하늘에 계신 너희 아버지의 온전하심과 같이 너희도 온전하라" 마 5:48고 가르치시지 않았던가? 여기서 말하는 "온전"이 무엇인가 하는 논의는 잠시 접어 두겠다. 다만 독자들은 그것이 성부의 친절하심이나 사랑을 가리키며, 그분의 무죄하심, 지혜로우심, 능력을 가리키는 것은 아님을 기억해야 한다 생명의말씀사 역간 『승리하는 그리스도인』 참조.

우리 모두가 "얼마나 완전해질 수 있는가?"라고 질문하기를 원한다. 우리 중 얼마나 많은 사람이 주님의 완전에 대한 명령을 무시해 왔던가! 그리고 스스로에게 또는 다른 사람들에게 "나는 완전을 믿지 않습니다."라고 말해 왔던가! 얼마나 자주 우리는, 스스로 그리스도인이라 자처하는 사람들의 입에서 때로는 경박하게, 때로는 경멸스럽게 이런 반박의 말이 나오는 것을 들어 왔던가! 실로 이것은 신성 모독이 아닌가?

완전하라는 것은 주님의 명령이다. 당신이 정히 원한다면 이 명령을 무시하라. 위험 속에 빠져 실족하길 원한다면 무시하라. 그러나 하나님의 말씀을 능멸하지 말라. 그리고 그 말씀을 무용한 것으로 여기지 말라.

"나는 완전을 믿지 않습니다."라고 말하는 사람들에게 묻고 싶다. "당신은 다른 그리스도인에게 발견되는 불완전에 대해 어느 정도나 인내하는가?" 교회 다니는 사람이 조금이라도 거짓되거나 실수라도 범하면, 우리는 얼마나 그들을 경멸하는가! 그리스도인이 다른 사람을 조금이라도 속이면 우리 눈에 얼마나 가증스러워 보이는가!

목사나 교회 직분자가 교만하거나 성격이 거칠고 고약할 경우, 그것에 대해 얼마나 많은 입방아를 찧어 대는가! 사람들은 "너무도 수치스러운 일이야!"라고 말하기를 주저하지 않는다.

그러나 아이러니하게도 이처럼 타인의 조그마한 실수에 최고로 목청을 높이는 사람들이 "나는 완전을 믿지 않습니다."라고 이야기한다. 우리는 타인의 죄에 대해서는 시시콜콜 특별하게 따진다. 반면 자신의 결점과 연약성을 은폐하려는 가면적 성향을 지적하시는 주님의 가르침에는 불신을 표한다.

정녕 이래야만 하는가? 주님의 명령에 복종하려고 노력하는 소수의 사람들이 타인의 실수를 정죄하는 데 있어 가장 관대하다는 사실을 깨닫지 못하는가?

우리는 비기독교 국가의 수많은 사람들이 그리스도인에게서 어떤 종류의 완전을 기대하는지 이미 살펴보았다. 이들은 그리스도 닮지 못한 우리의 삶을 비웃으며, 주님을 더욱더 닮도록 요구하고 있다.

세상이 요구하는 거룩

우리 주변의 사람들 또한 우리에게 매우 높은 기준, 곧 완전이라고 하는 기준을 기대하고 있지 않은가?

그리스도인이라 고백하는 삶에 배치되는 범죄 행위가 있으면 그것은 즉각 신문에 기사화되어 해외로까지 알려지게 된다. 그러나 교회 밖의 수많은 사람들은 이보다 더 심각한 범행을 자행해도 신문지상에 한 마디 언급 없이 묵과되기도 한다.

한 익명의 작가는 이렇게 말했다. "종교에 대한 세상 사람들의 평가 기준은 오직 거룩성이다. 그들은 어떤 은밀한 죄악도 범하지 않는 종교인을 원한다. 세상 사람들은 그리스도인이 상거래에 있어서 어떤 속임수도 쓰지 않기를 원하며, 사업에 있어서 그릇된 방법을 취하지 않길 기대한다. 그들 자신은 대수롭지 않게 행하면서 말이다. 그들은 그리스도인이 불신자들보다 더 친절하고 더 인내하리라고 기대한다. 그리고 이 기대는 정당하다."

그러므로 이 문제에 겸허히 직면하자. 내가 다른 그리스도인에게 요구하는, 그리고 세상이 내게 요구하는 거룩의 높은 수준에 도달하는 것이 가능한가?

그렇다면 다시 이렇게 질문해 보자. 나는 하나님의 능력과 하나님의 은혜를 감히 제한하는가? 감히 내가 구주께, 그분이 나를 이 정도밖에 구원하실 수 없다고 말하려 하는가? 무죄의 가능성을 주장하려 하지는 않는가?

지금 나는 죄가 없는 상태의 완전을 이야기하는 것이 아니다. 신자들이 거룩과 완전에 실제적으로 도달하는 데에는 분명 제한이 있음을 잘 알고 있다.

이 땅에 살아가는 한, 우리에게는 죄악을 범하려는 경향이 항상 있다.

> "만일 우리가 죄 없다 하면 스스로 속이고 또 진리가 우리 속에 있지 아니할 것이요" 요일 1:8.

이 말씀은 철두철미하게 진실이다. 그럼에도 우리가 "저가 빛 가운데 계신 것같이 우리도 빛 가운데 행하면 우리가 서로 사귐이 있고 그 아들 예수의 피가 우리를 모든 죄에서 깨끗하게 하실 것이요" 요일 1:7라는 성경 말씀과 같이 될 수 있다고 하나님은 약속하셨다. 나의 개인적인 경험에 비추어 이 말씀은 사실이다. 그 어떤 것도 구원을 이루시는 하나님의 능력을 제한할 수 없다. 그러므로 구원에 들어가지 못하면 오직 나 자신이 비난받아야 하는 것이다.

따라서 이제 이 질문을 숙고하고 어떻게 우리가 예수님을 닮을 수 있는지, 그분을 닮는다는 것이 무엇을 의미하는지 알아보자.

그리스도를 닮을 가능성

한편 완전하라는 하나님의 명령을 이해하거나 또는 그 명령에 복종하는 것이 어떻게 가능한지 깨닫기 위해서는, 먼저 "너희 아버지" 마 5:48라는 이 두 단어에 주목해야 한다.

여기에 그리스도를 닮을 수 있는 가능성, 즉 거룩하고 완전해질 수 있는 가능성이 있다. 우리는 그리스도를 영접한 많은 사람들과 마찬가지로 하나님의 자녀이다 요 1:12. 그리스도를 닮는 것은 거듭남에 따른 자연스런 결과이다.

나는 가장 친밀하고 가장 부드러운 끈으로 하나님과 연결되어 있다. 그분은 나의 아버지시고 나는 그분의 성품에 참예하는 자이다.

우리가 마치 어린아이가 아버지께 하듯 하늘에 계신 우리 성부께 신뢰와 사랑을 보여드린다면, 우리는 그리스도 닮은 자가 될 것이다. 그런데 하나님을 향한 사랑과 신뢰도 하나님으로부터의 선물이다. 거룩 또한 하나님으로부터의 선물이다.

"오직 성령이 너희에게 임하시면 너희가 권능을 받고 예루살렘과 온 유대와 사마리아와 땅끝까지 이르러 내 증인이 되리라 하시니라" 행 1:8.

"소망이 부끄럽게 아니함은 우리에게 주신 성령으로 말미암아 하나님의 사랑이 우리 마음에 부은 바 됨이니" 롬 5:5.

그리스도 닮는 것이 우리의 선행, 공적, 행위, 수고, 노력에 의해 보증된다면, 우리는 완전히 절망할 것이다.

그러나 그렇지 않다. 그것은 '우리 아버지'로부터 받는 것이다. 어린아이일지라도 받을 수 있다.

모든 것이 합력하여 선을 이룬다

하나님 아버지는 우리를 사랑하시며 기뻐하신다. 그리스도는 우리를 위해 자신을 주셨으며, 우리를 하나님 앞에 흠도 점도 없이 거룩한 존재로 그분께 드리게 하실 수 있다.

> "너희가 하나님이 우리 속에 거하게 하신 성령이 시기하기까지 사모한다 하신 말씀을 헛된 줄로 생각하느뇨" 약 4:5.

'하나님을 사랑하는 자에게는 모든 것이 합력하여 선을 이룬다.' 걱정, 절망, 곤란, 좌절, 이익과 손해, 번영과 역경 등과 같이 우리가 생각하기에 나쁘고 해악스런 것들까지도 모두 합력하여 선을 이룬다.

그리하여 우리로 "그 아들의 형상을 본받게" 롬 8:28-29 하고, 그리스도 닮은 자가 되게 한다. 그러므로 거룩은 죽을 수밖에 없는 인생의 모든 과정 속에 숨어 있다.

어떤 사람은 "거룩을 방해하는 것은 우리 밖에 있지 않다. 그것은 우리 내부에 있다."고 말했다.

우리에게 있어 중요한 문제는 어떤 일이 일어났는가가 아니라 그것을 어떻게 받아들이는가 하는 것이다. 그리스도를 위해, 세계를 위해, 동료 그리스도인들을 위해, 우리 자신을 위해 그리스도를 닮는 자가 되자!

> "모든 선한 일에 너희를 온전케 하사 자기 뜻을 행하게 하시고 그 앞에 즐거운 것을 예수 그리스도로 말미암아 우리 속에 이루시기를 원하노라" 히 13:21.

준비해 놓으신 하나님

동양계 학생들이 종종 이런 이야기를 하곤 한다. "우리는 기독교를 원치 않습니다. 우리는 그리스도를 원합니다."

사도 바울이 가르쳤듯이 그리스도가 우리의 삶이 되어야 한다. 이렇게 함으로써 우리는 그리스도를 다른 사람들에게 보여주어야 한다. 하나님이 모든 준비를 해 놓으셨고 우리는 그것을 따라 그리스도 닮은 삶을 살 수 있다는 사실을 확신하며 안심할 수 있다.

고기를 잡아먹고 사는 새는 종종 강가의 진흙 위에 내려앉는다. 새의 발에는 넓은 물갈퀴가 있다. 진흙 위로 내려앉을 때 이것이 펼쳐져서 새는 진흙 속에 빠지지 않는다. 새들에게 물갈퀴가 없었다면 물 속에 가라앉거나, 다른 위험에 처할 것이다.

한 마리 새에 대해서도 이같이 세심하게 배려하신 하나님, 그 사랑 많으신 하나님이 우리를 위해 아무 준비도 해 놓지 않으셨겠는가? 죄의 진흙 속에 빠지지 않도록 지켜주는 보호 장치를 마련해 주시지 않겠는가? 이제 하나님의 말씀에 귀 기울여 보자.

"하나님과 우리 주 예수를 앎으로 은혜와 평강이 너희에게 더욱 많을지어다 그의 신기한 능력으로 생명과 경건에 속한 모든 것을 우리에게 주셨으니 이는 자기의 영광과 덕으로써 우리를 부르신 자를 앎으로 말미암음이라" 벧후 1:2-3.

이는 매우 놀라운 위로의 말씀이다.

"그리스도는 먼저 자신의 거룩한 성품을 우리에게 부여해 주신다. 그 다음에야 우리에게 자신의 삶을 살아가도록 기대하신다." 불경하고 냉소적인 한 군인은 이 말을 듣고 놀라운 변화를 경험했다.

그러고는 "이것이 그 모든 이유를 설명해 준다. 거듭하여 나는 선한 사람이 되어야 한다고 들어왔고 지속적으로 나는 선한 사람이 되기 위해 노력해 왔다. 그러나 나는 그렇게 될 수 없었다. 이제 나는 왜 그랬는지 안다."라고 외쳤다. 그는 이제 기쁜 마음으로 그리스도를 믿는다. 그리고 그리스도를 자신 안에 내주하시는 구주로 "영접했다"요 1:12.

성경에 나타난 기도들을 실제 약속으로 생각해 본 적 있는가? 사도 바울은 성령의 감동을 받아 하나님이 성도의 기도에 기꺼이 응답하신다고 했다. 그는 "평강의 하나님이 친히 너희로 온전히 거룩하게 하시고 또 너희 온 영과 혼과 몸이 우리 주 예수 그리스도 강림하실 때에 흠 없게 보전되기를 원하노라"살전 5:23고 기도한다. 여기서 우리는 이 기도를 하나님이 기꺼이 우리를 위해 역사하시고자 한다는 계시로 보아야 한다.

그리고 사도 바울은 "평강의 하나님이 친히 너희로 온전히 거룩하게 하시고 또 너희 온 영과 혼과 몸이 우리 주 예수 그리스도 강림하실 때에 흠 없게 보전되기를 원하노라"살전 5:23고 했다. 우리는 모든 일이 합력하여 이러한 목적을 이루는 것으로 보아야 한다.

작은 것에 주의하라

그리스도를 닮으려면 반드시 배워야 할 중요한 교훈 하나가 있다. 그것은 소위 작은 것들, 사소한 죄악에까지 주의를 기울여야 한다는 것이다. 사소한 죄들을 간과한다면 우리는 실패하고 말 것이다. 알코올 중독자나 혐오스러운 죄악을 범한 자가 회심하여 신실한 하나님의 일꾼이 되는 것을 우리는 어렵지 않게 볼 수 있다. 사실 엄청난 죄악을 범한 사람은 선하게 보이려고 가장하지 않기 때문에 이처럼 극적으로 회개할 수도 있는 이점이 있다. 반면 위선자는 의롭기가 너무도 힘들다.

작은 일들은 거룩한 삶에 매우 중요한 역할을 한다. 그러므로 우리는 작은 일들에 주의를 집중해야 한다.

런던 국립 미술관에는 많은 걸작들이 있지만, 한번 보면 결코 잊혀지지 않는 작은 그림이 하나 있다. 그 그림은 별로 유명하지도 않은, 한 장님 거지가 그린 자화상이다. 왜 이 그림이 우리의 시선을 끄는가? 이 그림에는 무한한 정성이 쏟아 부어져 있기 때문이다. 머리카락 하나 하나까지도 아주 분명하고 세밀하게 묘사되어 있다.

이제 생각을 위대한 화가에게 집중하자. 그분은 바로 그리스도시다. 그분은 우리의 머리카락 하나까지도 "세신다"고 말씀신다 눅 12:7. 우리를 향한 하나님의 이러한 관심에 응답할 때, 하나님의 사랑이 우리의 모든 생각, 표정, 언어, 행동 등을 제어할 때, 우리는 가장 겸손한 자가 될 수 있으며, 사람들은 우리의 삶을 통해 아름다움을 발견할 것이다.

그리고 그러한 아름다움이 그들의 생각을 이끌고, 또 우리가 아니라 위대한 예술가이신 주 예수님을 향해 찬양을 드리게 할 것이다.

그리스도의 형상이 드러나도록

이제 다른 측면에서 접근해 보자. 우리에게 끌과 망치, 대리석이 있다. 그것으로 인간의 두상을 조각한다고 하자. 우리 모두가 두상을 조각한다는 데에는 별 차이가 없지만, 그 결과는 매우 흥미로울 것이다.

  미술가는 매우 그럴 듯하게 조각할 것이다. 그래서 우리는 이 조각의 모델이 누구일까 상상할 것이다. 그러나 현대의 미켈란젤로라 할 만큼 뛰어난 조각가가 아름다운 작품을 우리에게 선 보인다면 모든 비평은 쏙 들어가고 경탄과 즐거움만 있을 것이다.

  이 대가의 작품과 우리의 작품과의 차이는 무엇인가? 양자 모두 인간의 머리를 조각한 것이다. 그러나 세세한 부분에까지 미치는 대가의 주의력과 기술이 결국 대작을 만든 것이다.

  당신과 내가 이 땅에 존재하는 유일한 이유가 있다. 그것은 그리스도의 형상이 우리 속에서 이루어지게 하는 것이다갈 4:19. 그래서 하나님의 영광에 이르기까지 그리스도가 우리를 통해 드러나야 할 것이다. 우리의 영혼은 그리스도가 믿음으로 그 안에 거하시기 위해 창조되었다.

> "창기와 합하는 자는 저와 한 몸인 줄을 알지 못하느냐 일렀으되 둘이 한 육체가 된다 하셨나니" 고전 6:16.

복음을 가리는 자

  이제 앞에서 언급한 두상 조각의 비유가 여기에서는 적절치 않다. 그리스도는 전적으로 완전하시다. 그러므로 사도 바울의 고백처럼 그리스도가 우리 안에 온전히 자리하시지 않는다면 그것은 전적으로 우리가 그분의 은혜의 역사를 방해하고 있기 때문이다.

  즉 하나님이 자신의 영광을 드러내시는 것을 우리가 막고 있기 때문이다. 다시 말하면 우리가 하나님의 계시를 오염시키고, 희미하게 만들며, 막고 있다. 이와 같은 일이 일어난다면 우리는 그리스도와 같은 형상으로 변화되지 않는다.

"만일 우리 복음이 가리웠으면 망하는 자들에게 가리운 것이라" 고후 4:3.

우리의 눈을 막은 것은 '이 세상의 신들'이 아니라 우리 자신이다.
그리스도 닮은 그리스도인은 어떤 죄악도, 아무리 작은 죄악이라 하더라도 그것이 자기 삶에 머물지 못하도록 민감하게 반응한다.
자아는 그리스도에 의해 항상 감추어져 있어야 한다. 그러므로 가장 작은 죄악에 대해서도 타협이 있어서는 안 된다.
우리는 죄가 무엇인지 기꺼이 알려고 해야 하며, 자신을 하나님이 기뻐하시는 자로 보여드리기에 전력해야 한다.

"네가 진리의 말씀을 옳게 분변하며 부끄러울 것이 없는 일군으로 인정된 자로 자신을 하나님 앞에 드리기를 힘쓰라" 딤후 2:15.

죄를 가볍게 다루어서는 안 된다. 불친절, 진실하지 않음, 불결함 그 어떤 것도 우리 영혼의 항구에 정박하게 해서는 안 된다.
"나의 반석이시요 나의 구속자이신 여호와여 내 입의 말과 마음의 묵상이 주의 앞에 열납되기를 원하나이다" 시 19:14라고 열망할 수 있어야 한다. 그리스도 닮는 삶이란 삶을 형성하는 매우 작은 일들, 예를 들면 아주 평범하고 매일 일어나는 아주 하찮은 일들까지도 성화^{聖化}시키는 것이다.

자신을 전적으로 주님께 복종시킨 한 목사가 이렇게 말했다. "얼마 지나지 않아 성도들까지도 내게 영화로운 변화가 일어났다는 것을 알았습니다." 우리 안에 있는 아주 작은 죄악이 누군가를 하나님 나라에서 멀어지게 한다는 사실을 명심해야 한다.

또한 그리스도인이라 공언하는 자들의 옳지 못한 행위로 인해 회의론자들이 생겨나고 있음도 기억해야 한다. 주님의 대적들은 우리가 범죄에서 완전히 "나음"을 입은 모습을 볼 때 힐난할 말을 찾지 못할 것이다 행 4:14.

아주 놀랍고도 이상한 일은 사탄이 다음과 같은 생각을 불어 넣어 신자들을 현혹하고 속인다는 것이다. 즉 주님께 완전히 복종하면 불행해지고 또 우리의 온전한 기쁨이 삭감된다는 것이다.

우리는 "얘야, 오늘 잘 지냈니?"라고 묻는 아버지의 사랑의 질문에 "아니요."라고 대답하는 어린아이와 같아질 수 있다. 아버지는 "그래? 아빠는 네게 좋은 일만 일어나기를 바란단다."라고 말한다. 그러자 아들은 "아빠, 썩 좋지도 않고 그렇게 나쁘지도 않았아요. 그런 대로 괜찮아요."라고 말한다. 우리는 이도 저도 아니게 말하는 실수를 범하지 말아야 한다.

어떻게 하면 그리스도를 닮을 수 있는가? 우선 그리스도 닮는 삶을 방해하는 것을 반드시 찾아내야 한다. 또한 죄가 무엇이며 내 안에 어떤 사악한 본성이 있는지 발견해야 한다. 즉 성령님으로 하여금 나를 살피시고 나를 시험하게 하사 내 뜻을 알도록 해야 한다 시 139:23-24.

그리고 가장 작은 일들, 가장 사소한 죄에 대해 실패하기 쉽다는 것을 기억해야 한다. 그렇다면 이러한 사소한 죄들을 어떻게 발견할 수 있을까? 한 유대인 개종자는 "나는 예수님과 동떨어진 그리스도인들이 언제부터 생겨나게 되었는지 알아 보기 위해 기독 교회사를 공부하고 있습니다."라고 말했다.

참된 그리스도인이 되려면

그러나 우리가 성경을 연구하는 목적은 어떻게 하면 진정한 그리스도인이 될 수 있는가를 발견하기 위함이어야 한다. 어쩌면 우리는 종교를 어떤 진실한 신조, 아니면 어떤 예배 장소에 정규적으로 참석하는 것, 또는 선행에 대한 열정으로 보기도 한다.

우리는 일상적인 삶에 대해서는 충분한 주의를 기울여 오지 않았던가? 세상 사람들이 그리스도인에게서 발견하려는 것은 무엇인가?

한 유력한 사업가가 자신은 그리스도에 대한 믿음을 상실해 버렸고 기독교를 포기했다고 말했다. 그는 그리스도인인 자기 동생과 함께 살고 있었다. 그런데 이 동생은 자기 형이 신앙을 포기한지도 모른 채 내게 이런 말을 했다. "형은 제가 만난 그리스도인 중에 가장 훌륭한 사람입니다." 그렇게 말한 때는 그의 형이 믿음을 상실했다고 내게 말한 바로 그 날 저녁이었다.

헬싱키에서 아주 큰 국제청년대회가 열린 적이 있다. 여기에는 세계 46개국 대표들이 참석했다. 이들 중 특히 미국, 영국, 그리고 동양에서 온 많은 젊은이들이 마하트마 간디Mahatma Gandhi를 인도에서 가장 그리스도 닮은 자라고 생각한다는 의견을 밝혔다. 그러나 간디는 신약의 가르침은 열심히 따르는 자였지만, 스스로 그리스도인이라고 고백한 적은 한 번도 없었다.

어떤 사람이 거룩한 성품을 소유하고 있다면 그 성품이 분명히 밖으로 드러나 보여야 한다. 이것이 나의 생각이다. 당신이 그리스도의 사람이라고 하자. 그리고 그리스도가 당신의 구주라고 하자. 그렇다면 "나는 누구의 것이며, 나의 섬기는 분이 누구인가"행 27:23 참조 하는 점이, 당신의 모든 행위와 언어에 있어서 어떤 형태로든 드러날 것이 아닌가? 그렇다면 과연 '어떤 형태'로 드러나는가?

그리스도 닮은 위대한 그리스도인

프란체스코

프란체스코 Francesco d'Assisi 1181경–1226

기독교 역사상 예수 그리스도를 가장 많이 닮은 성인으로 꼽히는 프란체스코는 삶에 대한 열정과 이해를 기반으로 무소유의 삶을 실천하여 그리스도인의 '참된 자유'와 '깊은 향기'가 어떤 것인지를 보여준 인물이다.
이탈리아 중부 아시시에서 부유한 포목상의 아들로 태어나 부족함 없이 성장기를 보낸 그는 기사도에 대한 환상과 정치적 이상주의에 젖어 도시 간에 벌어진 전쟁에 참여하기도 하는 등 한때는 분방한 로맨티시스트의 면모를 보이기도 하였다. 그러나 이내 사치스럽고 무위한 삶에 환멸을 느끼고 유복함 자체가 영적인 족쇄가 됨을 깨닫게 되었다.
그러던 어느 날 한 나환자와의 만남을 통해 내면적인 회심을 명징하게 경험하면서 점차 하층민들에게 관심을 갖기 시작했고 막대한 비용을 들여 버려진 성당들을 복구하는 데 몰두하였다. 결국 아버지의 분노를 산 프란체스코는 일말의 미련도 없이 입고 있던 옷가지까지 모두 벗어 놓고 출가를 감행했다.
이처럼 물질과 가족 관계를 포기한 프란체스코는 걸인과 나병 환자들을 돌보며 실제적으로 예수님의 삶을 본받고자 애썼다. 적선받은 것으로 연명하면서 설파한 그의 설교는 도탄에 빠져 있던 서민들을 감화시키고 경건한 귀족들의 시선을 끌었으며 점차 추종자들이 모여들었다.
1209년, 이렇게 해서 세워진 수도회가 바로 지금까지도 그 명맥을 유지하고 있는 프란체스코 수도회. '청빈'을 삶의 좌우명으로 삼고 이웃을 위해 헌신하는 것

1898년경의 프란체스코 수도회 수도사들

을 천명으로 여긴 이 수도회의 당시 회칙은 그야말로 '우리 주 예수 그리스도의 가르침에 순종하고 그의 발자취를 따라 걷는 것'이었다.

프란체스코는 참으로 혹독하고 어려운 인생길을 걸었지만, 결코 음울하고 염세적인 비관론자나 금욕주의자가 아니었다. 그 의도적인 청빈의 삶은 아무것도 소유하지 않음으로써 얻는 해방과 그리스도에의 집중을 위한 것이었다. 그는 그리스도가 대신하여 죽은 사람들을 어찌 사랑하지 않을 수 있겠느냐며 어떤 조건, 어떤 상황의 인간도 사랑과 연민의 정으로 끌어안았고, 같은 의미로 세상에 있는 모든 피조물의 가치와 아름다움을 칭송하고 노래하였다.

사제 계급이 독점하고 있던 기독교를 평민들의 기독교로 변화시키고 권력을 축적하는 데만 혈안이 되어 있던 교회를 세상에 사랑을 나누어 주는 교회로 바꾸는 데 지대한 영향을 끼친 그의 세계관은 사랑과 평화로 세계의 일치와 조화를 꾀하고자 하신 주님의 경륜에 대한 통찰력에 의한 것이었다. 그의 유명한 기도문은 그러한 세상을 향한 간절한 사랑과 애타는 주시를 대변한 것이라 할 수 있다.

주여, 저를 당신의 평화의 도구로 삼으소서. 미움이 있는 곳에 사랑을, 상함이 있는 곳에 용서를, 의심이 있는 곳에 믿음을, 어둠이 있는 곳에 빛을, 슬픔이 있는 곳에 기쁨을 심게 하소서.
오 거룩하신 주여, 위로받기보다는 위로하게 하시고 이해되기보다는 이해하게 하시고 사랑받기보다는 사랑하게 하소서. 왜냐하면 우리가 줌으로써 받고 용서함으로써 용서받으며 죽음으로써 영원한 삶을 얻기 때문입니다.

프란체스코의 무덤이 있는 산프란체스코 교회,
아시시 소재

그리스도를 닮는 것은 이 세상의 모든 것을 걸고서라도 추구해야 할 가치가 있는 일이다.
이것 이외의 인간의 모든 욕망은 어리석은 것이다.
그리스도 닮은 자로 변화되는 것이야말로 진정하고 유일한 축복이다.

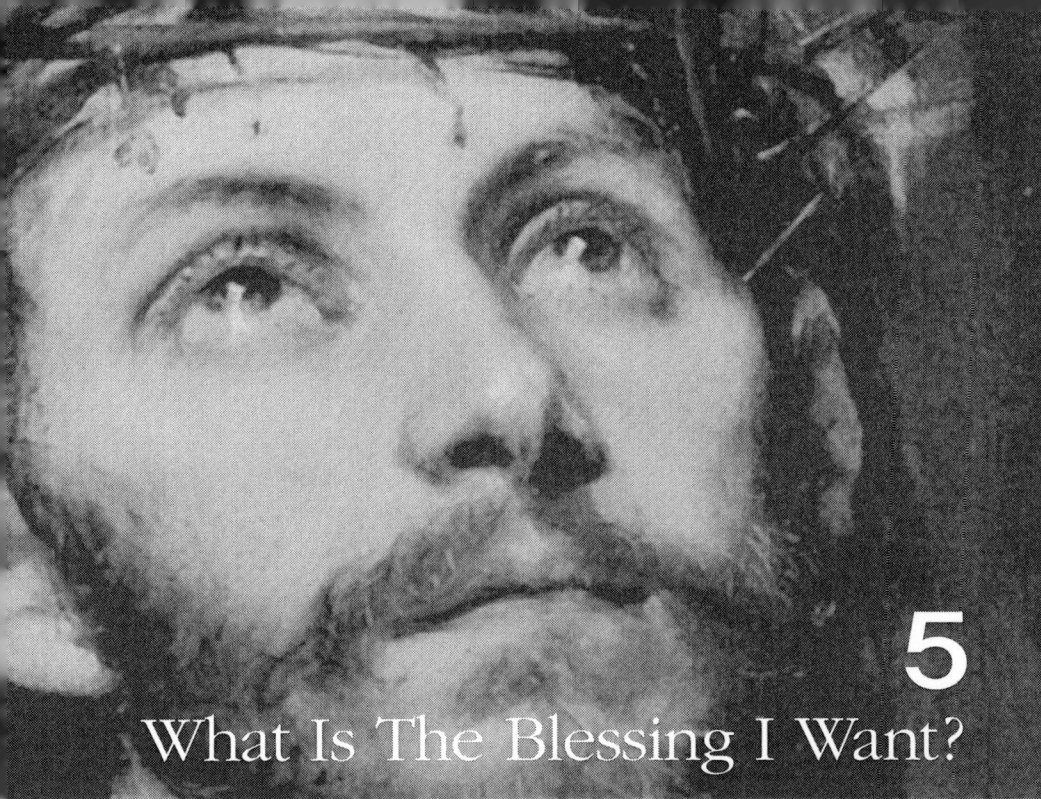

5

What Is The Blessing I Want?

무엇을 가장 원하는가

무엇을 가장 원하는가

그리스도를 닮는 것은 이 세상의 모든 것을 걸고서라도 추구해야 할 가치가 있는 일이다.
이것 이외의 인간의 모든 욕망은 어리석은 것이다.
그리스도 닮은 자로 변화되는 것이야말로 진정하고 유일한 축복이다.

우리가 어떤 사람이 되어야 하는지 알아 보기 위해 성경으로 돌아가기 전에, 스스로 물어 보아야 할 질문이 하나 있다. 우리는 하나님의 축복이 우리 자신과 사랑하는 자들, 우리가 하는 모든 일들 위에 임하길 매일 간구한다. 우리 마음속에 있는 것은 무엇인가? 어떤 축복을 원하는가?

당신이 "주님, 축복하여 주소서."라고 기도하는 중에 주님이 나타나셔서 "그래, 무엇을 해주기를 원하는가?"라고 물으신다면 당신은 무엇을 간구하겠는가? 솔로몬은 하나님께 지혜를 구했다 왕상 3:9.

나는 무엇을 원하는가

그렇다면 당신이 원하는 것은 무엇인가? 우리가 매일 간구하는 막연한 축복들은 대체 무엇인가? 사도 바울은 "하나님이 그 종을 세워 복 주시려고 너희에게 먼저 보내사 너희로 하여금 돌이켜 각각 그 악함을 버리게 하셨느니라"행 3:26고 했다. 그리고 그 같은 사역을 감당했다.

우리는 이보다 더 큰 축복을 원한다. 하나님은 그리스도 안에 있는 당신의 풍성하신 영광을 따라 우리의 모든 필요를 공급해 주시겠다고 약속하셨다빌 4:19.

우리는 "저는 시냇가에 심은 나무가 시절을 좇아 과실을 맺으며 그 잎사귀가 마르지 아니함 같으니 그 행사가 다 형통하리로다"시 1:3라는 다윗의 고백을 알고 있다. 사실 이것보다 더 큰 축복이 어디 있겠는가? 형통함이란 무엇인가? 우리들이 의지하는 명예, 높은 지위, 세속적 성공, 건강, 재물 등의 한계가 무엇인지 하나님은 알고 계신다.

우리가 이런 것들을 추구한다면 그것은 축복이 아니라 그 반대이다!

축복이란 주 예수 그리스도와 더 달콤하고 깊은 교제를 가지는 것이며, 이 같은 교제가 가져오는 희락, 만족, 열매 등을 의미하는 것이 아니겠는가?

가장 바람직한 일

가장 바람직한 일, 그것은 하나님을 기쁘게 해드리겠다고 서약하는 것인가? 하나님의 은총과 인정하심, 그분의 미소를 깨닫는 것인가? 아니면 하나님의 유용한 도구로 사용되는 것인가? 축복이라는 개념이 얼마나 불명확하고 모호한지 알고 있는가?

잠시 생각해 보자. 드러먼드Henry Drummond 교수는 이렇게 이야기했다.

"그리스도를 닮는 것은 우리가 이 세상의 모든 것을 걸고서라도 추구해야 할 가치가 있는 유일한 일이다. 이것 이외의 인간의 모든 욕망은 어리석은 것이다. 그리고 저급한 모든 성취들은 헛되다."

이 말은 옳은가? 물론 의심할 여지없이 옳다. 성경에는 하나님의 사랑의 섭리를 밝히는 구절이 있다. 그 구절을 비탄에 빠진 신자들에게 반복해서 들려주는 것은 매우 즐거운 일이다. 그리고 그 구절이 바로 나에게 해당하는 것이라고 생각하면 기쁘기 한량없다. 그 말씀은 바로 이렇다.

"우리가 알거니와 하나님을 사랑하는 자 곧 그 뜻대로 부르심을 입은 자들에게는 모든 것이 합력하여 선을 이루느니라" 롬 8:28.

여기서 말하는 선은 무엇인가? 우리는 이를 축복이라는 말로 생각해 볼 수 있다. 성령님은 사도 바울을 통해 바로 다음 구절을 우리에게 또 말씀하신다.

"그 아들의 형상을 본받게 하기 위하여" 롬 8:29.

웨이머스Richard Francis Weymouth는 이 구절을 "우리가 그 아들을 닮게 하기 위해서"라고 해석했다. 그리고 모펏James Moffatt 박사는 "그 아들 닮은 것을 나누기 위하여"라고 표현했다.

가장 가치 있는 일

어쨌든 우리가 하나님 아들의 형상을 닮는 것이 곧 "선"이며, 이것이야말로 우리가 추구해야 할, 가치 있는 위대한 일이다.

우리 구주는 나와 당신에게 한 가지를 원하신다. 즉 "예수의 생명도 우리 몸에 나타나게 하려"고후 4:10 하는 것이다.

웨이머스 박사는 이 구절을 이렇게 해석했다. "우리 몸 안에 예수 그리스도의 생명이 분명히 나타나야 한다."

우리의 혼과 영과 힘을 다하여 주 하나님을 사랑하면, 하나님은 하늘과 땅에 있는 모든 것들이 합력하여 온전한 선을 이룰 것이라고 약속하신다. 그렇게 주님을 사랑하는 자들은 하나님의 부르심을 입고 전심으로 하나님을 따르는 자들이다. 하나님은 이 같은 하나님의 목적, 곧 하나님의 아들 예수 그리스도를 닮게 하시려는 목적을 위하여 세상 모든 것을 우리에게 맡기신다.

하나님이 말씀하시는 선이란 곧 그리스도를 닮는 것이다. 이것은 그리스도 안에 계시는 하나님이 우리의 모든 것 되심을 의미한다.

진정한 축복

이제 이 주제의 중요성을 깨달았는가?

유창한 언변, 지식, 재능, 봉사 등 이 모든 것을 합해도 그리스도 닮는 것에 비하면 아무것도 아니다. 그러나 이 모든 것이 합력할 것이다. 하나님은 우리를 예수 그리스도 닮은 자가 되게 하실 것이다. 이것이 진정한 축복이다.

그럼에도 불구하고 하나님을 사랑하는 우리의 심령과 입술을 통해 드려지는 기도가 있다. "오! 나를 축복하소서!" 이 기도가 과연 무엇을 의미하는가? 이 기도에 하나님이 응답해 주실 것이라고 어떻게 기대할 수 있는가?

교회에 더 많은 성도가 모이길 원하는가? 언론에 이름이 알려져 갈채를 받기 원하는가? 신도들로부터 인기를 얻기 원하는가? 대중들로부터 멋진 찬사를 받기 원하는가?

내가 맡은 주일 학교 학생들에게 더 큰 관심 얻기를 원하는가? 다른 교사들로부터 부러움을 사기 원하는가? 내가 속한 성가대에서 완벽한 화음이 나오길 기대하는가? 교회 당회에서 서로 존중하며 완벽한 일치가 이루어지기를 원하는가?

이러한 모든 것은 영적인 관점에서 볼 때 아무것도 아니다.

이것들 중 그 무엇이 내가 그리스도의 제자라는 것을 증명해 줄 수 있는가? 어떻게 내가 그리스도인이라는 사실을 알 수 있는가?

주님은 이에 대해 "그 열매로 그들을 알지니"라고 가르쳐 주셨다. 더 나아가 주님은 자의적이고 세속적인 관점에서 성공하는 것, 예를 들면 유창한 설교를 하는 것, 귀신을 쫓아내는 것, 놀라운 일들을 행하는 것 등이 주님의 눈에는 무익한 것이라고 말씀하신다.

성공이란 결코 이런 것이 아니며, 이런 일에 몰두하는 자들은 불법을 행하는 자들이라고까지 비난받는다 마 7:22-23.

우리는 종종 열성적으로 우리의 기도를 축복하시기를 하나님께 간구한다. 이 같은 기도가 무슨 의미가 있는가? 우리는 어떤 응답을 열망하는가? 위에 언급된 것과 같은 세속적이고 멋진 일들이 일어나기를 바라지는 않는가?

축복을 전하는 법

작년 여름 여섯 살짜리 아이가 "안녕하세요, 아저씨?"라며 말을 붙였다. "그래, 안녕? 애야." 하고 대답했다. "그런데 아저씨는 어디 살아요?" "응, 저기 있는 교회에." 나는 교회의 뾰족탑을 가리키면서 말했다. "그러면 아저씨는 어떤 설교를 하시는데요?"

이 얼마나 중요한 질문인가?

나는 너무나 놀란 나머지 무슨 질문을 했는지 재차 물어 보았다. 그리고 생각하기 시작했다. 나는 어떤 목적을 가지고 설교하는가? 나는 조용히 마음속으로 이렇게 대답했다. '나는 그리스도를 사랑하는 사람들에게는 그들이 그리스도를 더 사랑할 수 있도록 하기 위해 설교한다. 그리고 그리스도를 사랑하지 않는 자들에게는 그들이 그리스도를 사랑할 수 있게 하기 위해 설교한다.' 나는 종종 이 같은 상황에서 이것이 가장 훌륭한 대답인지 의심하기도 한다.

그러나 나는 이보다 더 나은 대답을 찾지 못했다. "오, 주님. 설교에 축복을 내려 주시옵소서."라고 기도할 때, 다른 사람들을 위해 간구하는 축복은 과연 무엇인가?

내게 있어 축복인 것이 다른 사람들에게도 축복이 될 수 있을까?

나에게 축복이란 내가 그리스도 닮은 자로 점점 변화되는 것이며, 나와 인류를 향한 하나님의 크신 사랑을 알고 깨닫는 것이며, 그분의 아름다우심을 더 많이 보는 것을 의미한다. 왜냐하면 "저와 같은 형상으로 화하여지는 것"고후 3:18은 그것을 봄으로써 가능하기 때문이다.

그러므로 나는 오직 그리스도를 다른 사람들에게 나타내 보임으로써

만 그들에게 축복을 전할 수 있는 것이다. 즉 그들이 그리스도 안에 있는 하나님의 사랑을 더 명확히 인식하게 하고, 그리스도가 우리의 육체에 나타나시게 함으로써, 다시 말해 우리가 그리스도를 닮아 감으로써 축복을 전달할 수 있다.

다른 사람들이 내 안에 계신 그리스도를 보지 못한다면 나는 그들에게 축복이 될 수 없다. 어떻게 내가 축복을 전할 수 있겠는가? 그리스도를 닮으려고 흉내나 냄으로써 그리스도 같은 자가 될 수는 없다. 오직 그리스도가 우리의 믿음을 통해 우리 안에 내주하셔야만 가능하다.

그리스도의 사랑 안에 거함은

그리스도를 닮는다는 것은 그리스도가 우리 안에 거하시고 우리가 그분 안에 거함으로써 가능하다. 즉 우리가 그분의 사랑 안에 거함으로써 가능하다.

이렇게 될 때 우리는 사도 바울처럼 "그리스도께서 나의 생명이시다", "내게 있어서 사는 것이 그리스도이시다", "이제 내가 사는 것이 아니요 오직 내 안에 그리스도께서 사시는 것이라"고 말할 수 있다.

사랑 가운데서 뿌리가 박히고 터가 굳어져서 하나님의 모든 충만하신 것으로 채워지며 지식에 넘치는 그리스도의 사랑을 아는 것엡 3:16-19 참조, 이것이 곧 축복인 것이다.

그렇게 할 때 우리의 삶은 "선"을 이루기 위한 것이 된다. 왜냐하면 우리가 만나는 모든 사람들은 선이나 악, 그 어떤 것에 의해서든 영향을 받기 마련이기 때문이다.

그리스도를 위해서 사는 것이 그분을 위해 일하는 것보다 낫다.

> 내가 세상 어떤 곳에 있을지라도
> 그 어떠한 위치에 있을지라도
> 다시 오실 주님을 위하여
> 내가 행해야 할 겸허한 사랑의 일들을
> 온전히 이루어 가기 위하여
> 나는 깊은 영혼의 교제를 나누리.

그리스도를 위해 사는 것은 우리의 모든 생을 그리스도를 향한 하나의 근사한 모험으로 만든다. 사랑의 행위는 유창한 설교보다도 더 큰 능력이 있고 더 멀리 퍼진다.

> 사랑의 설교는 항상 감동적이지만,
> 사랑의 행위는 영원토록 빛난다.

18살 일본 청년이 자기 나라의 수상을 암살했다는 이유로 사형을 선고받았다. 그는 감옥에 있을 때 복음서를 읽게 되었다. 그는 선교사에게 "나는 기독교에 대해 많이 알지는 못합니다. 그러나 나는 기독교 안에 있는 사랑을 이해합니다."라고 말했다.

하나님은 사랑이시고 그리스도도 사랑이시므로, 그리스도를 닮는다는 것은 사랑한다는 것이다. 그리스도 닮은 그리스도인은 하나님의 사랑으로 충만한 자이다. 사도 바울은 우리에게 말하길 사랑의 행위보다 더 위대하고 유익한 것은 없다고 했다 고전 13:1-3.

사랑이 없다면 우리는 아무 유익이 없고 또 아무것도 아니다. 우리 모두는 이 사실을 안다. 그럼에도 불구하고 우리들 중 어떤 이들은 왜 실패하는가? 그것은 사랑의 실체가 무엇이며 사랑이 무엇을 포함하고 있는지 알기 위해 고뇌하지 않았기 때문이다.

상당한 지위에 있는 한 부인이 얼마 전 내게 편지를 보냈다.

"제 생각에 저의 고뇌는, 제가 그리스도를 충분히 사랑하지 못한다는 것입니다. 프란체스코 Francesco d'Assisi 나 로렌스 수사 Brother Lawrence 그리고 그와 유사한 사람들은 어떻게 그리스도에 대한 순전한 사랑을 지속적으로 지니고 살아갈 수 있었을까요? 이 같은 질문으로 번거롭게 해드려서 죄송합니다. 그러나 그리스도를 충분히 사랑하지 못하는 저의 삶은 생활이기보다는 차라리 고문입니다." 그러면서 그녀는 거룩해지고자 하는 자신의 노력들을 언급했다.

그러나 많은 그리스도인은 자신이 얼마나 그리스도 닮지 않은 삶을 살고 있는지 깨닫지 못하고 있다. 그들은 다른 사람들을 조롱하며 너무도 불친절하게 말을 한다. 그러면서도 자신은 하나님께 봉사하고 있다고 생각한다. 기독교 사역자 한 사람이 내게 와서 자기의 동역자를 언급하면서, "그 사람은 자신이 얼마나 난폭하며, 불친절하여, 무자비한지 알지 못합니다. 이것이 나의 고민입니다."라고 했다.

사랑, 하나님의 선물

어떻게 하면 하나님의 사랑을 소유할 수 있는가? 그것은 오직 하나님의 선물이다. 사랑은 억지로 만들어 내거나 가장할 수 없다. 즉 우리는 사랑을 강요할 수 없다. 단지 우리는 사랑을 받을 수 있을 뿐이다.

"우리에게 주신 성령으로 말미암아 하나님의 사랑이 우리 마음에 부은 바 됨이니" 롬 5:5.

우리 중 많은 사람들이 위에 언급한 사역자와 같이 그리스도의 영광에 턱없이 모자라는 삶을 살아가는 이유는, 우리가 하나님의 사랑이 실제적으로 무엇을 의미하며, 그 사랑이 실제적으로 어떻게 나타나며, 사랑이 무엇을 행하며, 사랑이 금지하는 것이 무엇인지 모르기 때문이며 또한 알려고 하지도 않기 때문이다.

"보라 아버지께서 어떠한 사랑을 우리에게 주사 하나님의 자녀라 일컬음을 얻게 하셨는고" 요일 3:1.

따라서 나는 "주의 영광을 보매 저와 같은 형상으로 화하여 영광으로 영광에 이르니 곧 주의 영으로 말미암음이니라" 고후 3:18는 하나님의 말씀을 재차 강조한다.

바로 이 같은 하나님의 말씀을 실행하는 것이 축복이다. 다른 사람들이 우리 안에 있는 그리스도를 볼 때, 즉 이 같은 '목적'에 의해서 그들 또한 그리스도 닮은 자로 변화된다. 그리고 우리들 또한 축복의 사람으로 변화한다. 거룩의 비밀은 그리스도를 닮는 것에 있다. 거룩의 결과 역시 그리스도를 닮는 것이다. 그러면 어떻게 하면 예수 그리스도를 닮을 수 있을까?

그리스도 닮은
위대한 그리스도인

잔느 귀용

잔느 귀용 Jeanne-Marie Bouvier de la Motte-Guyon 1648-1717

일명 잔느 귀용 부인은 가냘픈 여인의 몸으로 중세적인 몽매함으로 잠들어 있던 교회에 신선한 바람이 불게 한 영적 선도자로서, 그로 인해 평생토록 겪은 부당한 대우까지도 축복으로 여긴 깊은 영성의 인물이었다.

그녀는 프랑스의 부유한 귀족 가문에서 태어나 한때 수녀가 되기를 희망한 적도 있지만, 부모의 강제로 16세의 나이에 22살이나 연상인 자크 귀용(Jacques Guyon, Seigneur de Chesnay)과 결혼하면서 죽음보다 더한 고통에 처하게 되었다. 세속적인 욕구와 명령으로 가득 찬 낯선 시집에서 병약한 남편에 대한 병시중과 괴팍한 시어머니의 학대와 모욕에 시달리며 불행한 나날을 보내야 했기 때문이다.

그녀의 유일한 위안은 하나님과의 교제를 이어나가는 데 있었다. 고통을 참아 내는 인내심을 얻는 것 외에 세상의 모든 것이 얼마나 허무한 것인지를 체득했고, 또한 의지할 이는 오직 하나님 한 분뿐이시라는 것을 깨달았다. 이 무렵부터 그녀는 '단순하게 기도하기'를 시작했고 자신을 완전히 하나님께 맡기는 자세를 갖춤으로써 주님의 임재하심 가운데 거하는 법을 배워 나갔다.

그리고 28세가 되던 해 남편과 사별한 후로는 다시는 세속의 남편을 갖지 않겠다고 서원하고 개신교 도시인 제네바에 정착하여 수도자이자 저작자로서의 삶을 시작하였다. 세상에 대하여 초연하기만 한 그녀의 언사는 그녀를 비방과 조롱의 대상이 되게 하곤 했는데, 이는 책을 내고 점점 명성이 높아지면서 더해

자크 귀용의 영지가 있던 세스나이의 풍경

갔다. 그녀의 시대를 앞서간 신앙관과 저작들은 그녀를 위험한 인물, 혹은 마녀라고까지 지탄받게 했다. 결국 1688년, 금지되어 있는 회합을 열었다는 혐의로 체포되어 방문수녀회 수녀원에 감금되었다.

친분이 있던 귀족들의 도움으로 석방되기는 했으나 뿌리 깊은 곡해와 불신은 깊어져만 가 1695년 그녀는 다시 이단이라고 정죄당하고 악명 높은 바스티유 감옥에 투옥되었다. 1702년 긴 수감 생활을 마치고 석방된 후에도 그녀는 인생의 질곡을 주님께 내어 맡기고 두 눈을 감을 때까지 길고 긴 유배 생활을 해야 했다.

잔느 귀용의 영향력은 그녀의 죽음 이후 프랑스와 그 주변 국가들에서 더 강력하게 발휘되었다. 그녀의 사상에 매료된 사람들은 '내면의 그리스도에 대한 집중과 전적인 자기 포기, 정신력이나 말이나 의지 없이 하나님 안에 안식하는 완전한 기도에의 사모'를 진리로 받아들였다.

잔느 귀용의 삶은 오로지 자신을 비우고 주님만을 의지하여 가는 여정이었다. 그녀는 자신의 눈부신 지성을 오물로 여겼고 곤핍함과 외양의 누추함을 부끄러워하지 않았으며 어린 소녀와도 같은 단순함이 어리석음으로 치부되는 것을 염두에 두지 않았다. 평생을 하나님의 손에만 붙들려 움직이는 어린아이의 영혼을 갖기를 갈망했기에 세상의 멸시에도 거룩한 단순함을 사모하며 살아갈 수 있었다.

그녀는 진정 자신에게 닥쳐온 십자가를 주님의 은혜로 기꺼게 짊어지고 시대를 회복시키시려는 하나님의 계획에 모자람 없이 쓰임받은 신앙의 대가였다.

유배 생활을 했던 프랑스 중부 블루아 근방

그리스도 닮은 삶은 사랑으로 제어되는 삶이다.
생명을 마음에 받아들이고 그것에 의해 통제될 때 그리스도를 닮을 수 있다.
그러므로 순종으로 성령의 열매를 맺는 것이 제사보다 낫다.

6

To Obey Is Better Than Sacrifice

제사보다 순종이 낫다

제사보다 순종이 낫다

그리스도 닮은 삶은 사랑으로 제어되는 삶이다.
생명을 마음에 받아들이고 그것에 의해 통제될 때 그리스도를 닮을 수 있다.
그러므로 순종으로 성령의 열매를 맺는 것이 제사보다 낫다.

상당수의 그리스도의 제자들에게 발견되는 가장 놀랄 만한 사실은 고의적인 불순종이다. 어떤 사람이 갑작스런 시험에 넘어져 그 제물이 되었다 하면, 우리는 그를 이해할 수 있다. 또 사탄의 맹렬한 공격에 직면하거나, 두려움과 연약한 순간에 직면하면 인간의 감정이 치우칠 수 있다는 사실도 너무나 잘 알고 있다. 그러나 그 같은 일을 두려워할 필요는 없다. 왜냐하면 우리는 대적이 홍수와 같이 밀려올 때 주의 영이 대적을 물리치시고 우리를 일으켜 세워 주시리라 믿기 때문이다.

고의적인 불순종

그러나 그리스도인들이 어떤 죄악을, 그것이 사소하고 평범한 죄이며 소위 무해하다는 이유로 묵과한다는 것은 분명 놀랄 만한 행태이다.

나는 그리스도인의 이 같은 행위를 죄에 대한 무지의 결과라고 확신한다. 우리는 죄에 대한 우리의 미지근함과 우유부단함이 죄라는 사실을 깨닫지 못한다.

아마 그 같은 죄악들을 무시해도 좋을 만한 아주 사소하고 중요하지 않은 것으로 치부해 버리는지도 모른다. 또 심지어 그와 같은 죄악들은 우리의 삶에 있어 용서될 수 있다고 생각하는지도 모른다. 혹은 이런 사소한 죄악들이 그것 외에는 너무도 성결한 삶을 살고 있는 자에게는 묵과될 수 있는 사항이라고 믿는지도 모른다.

이제 우리는 이 같은 죄의 문제에 기꺼이 직면해야 한다. 어떻든지 간에 죄악 되고 불신적인 일들, 심지어 매우 사소하고 무시해도 좋을 정도의 범죄처럼 보인다 할지라도 과감히 버려야 한다.

즉각적인 실천

중국에서 온 한 여 선교사가 이런 이야기를 해주었다.

중국에서 아주 큰 회의가 열렸다. 여기에 참석한 한 명철한 그리스도인 남성이 회의 내용을 부지런히 받아 적고 있었다. 그런데 연설이 한참 진행되는 도중 그 사람이 갑자기 일어나서는 서둘러 회의장을 빠져 나가 버렸다. 얼마 있지 않아 회의가 끝났다. 궁금한 그녀는 그 남자의 집으로 가 보았다. 그 때 그 남자는 아내와 함께 무릎을 꿇고 기도하고 있었다. 그들은 성결한 삶을 살고자 하는 영혼의 갈망을 기도를 통해 쏟아 놓고 있었던 것이다.

그는 회의 때 자기 부인에게 전해 주기 위해 회의 내용을 적고 있었다.

그러나 바로 이 때 그는 회의를 계속 듣고 있는 것보다는 자신의 삶으로 실천하는 것이 더 나을 것이라고 결심하기에 이르렀던 것이다.

이 글을 읽는 사람들이 그와 유사한 결단을 한다면 그들에게 얼마나 많은 축복이 임할 것인가! 어떤 사람은 성경을 읽으면서, '나는 이 페이지에 기록된 여러 죄악들을 하나님의 도움으로 정복하기 전에는 결코 다음 페이지를 넘기지 않을 것이다.' 라고 결심한다. 어떤 사람은 이것이 『승리하는 그리스도인』생명의말씀사 역간과 상반된다고 말할지 모른다.

아니다. 결코 그렇지 않다. 그 책에서는 우리 마음을 지배하는 근본적인 죄가 모든 죄악의 근원이라고 언급되고 있다. 우리는 이것을 안다. 그러므로 그 죄는 그리스도께 맡겨야 한다. 그러나 우리 마음과 삶 속에 드러난 어떤 죄악의 세력을 인식했다면 우리는 그 죄를 극복하기 위해 성령 충만을 간구해야 한다.

어떤 한 가지 죄를 억누른다고 해서 진정하고 영속적인 승리가 보장되는 것은 아니다. 그러나 그리스도가 이것을 완전히 제압하시도록 우리가 도움을 청할 때 우리는 진정 자유로워질 수 있다. 그리스도가 우리에게 내어 버리라고 명하신 죄악들, 그리스도 닮기 위해 반드시 버려야 할 죄악들이 어떤 것인지 생각해 보라.

자기 검증

이러한 죄악들을 찾아내기 위한 방법들은 많다. 우리는 산상수훈에 나타난 팔복을 통해 우리의 삶을 검증해 볼 수 있다마 5장. 우리는 산상수훈에 나타난 "복이 있나니"라는 말이 무엇을 의미하는지 알고 있다. "복"

또는 "선"에 대한 가장 간단명료한 의미는 '그리스도를 닮는 것'이기 때문이다. "심령이 가난한 자는 복이 있나니"에서 가난한 심령이란 "상한 심령"을 의미한다시 51:17.

> 심령이 가난한 자는 복이 있나니.
> 애통하는 자는 복이 있나니.
> 온유한 자는 복이 있나니.
> 의에 주리고 목마른 자는 복이 있나니.
> 긍휼히 여기는 자는 복이 있나니.
> 마음이 청결한 자는 복이 있나니.
> 화평케 하는 자는 복이 있나니.
> 의를 위하여 핍박을 받은 자는 복이 있나니.

우리는 이 같은 기준을 가지고 자신을 검증해야 한다. 나는 온유하고 긍휼히 여기는가? 나는 마음이 청결하고 화평케 하는가? 욕을 먹을 때도 대항하여 욕하지 않는가? 그들에게 보복하거나 돌아가서 앙갚음하지 않는가? 나는 진정으로 나의 죄에 대해 슬퍼하고 의에 주려 있는가?

"순종이 제사보다 낫다." 혹은 마태복음 5:44에 주어진 계명을 숙고하고, 그 같은 계명에 우리가 얼마나 사랑과 순종의 마음으로 복종하고 있는지 검증해 볼 수도 있다. 진정으로 주님의 이 같은 계명에 순종하기를 바라는가?

그리스도 닮는 것이 과연 무엇인지 말씀하고 계시는 분은 다름 아니라 주님이요 구주이심을 명심해야 한다.

네 원수를 사랑하라.

너희를 저주하는 자를 축복하라.

너희를 미워하는 자에게 선으로 대하라.

너희를 이용하는 자를 위해 기도하라.

너희를 핍박하는 자를 위해 기도하라.

나는 그렇게 하고 있는가? 이것이 습관이 되었는가? 대적들에 대해 관대한 생각을 가져 본 적이 있는가? 실제로 그들을 사랑해 본 적 있는가?

이처럼 단순하면서도 엄중한 주님의 명령들을 굳이 설명할 필요는 없다. 이것들은 너무나 간명하고 명료하다.

그러나 이 명령들을 실행하는 것이 곧 주님을 닮는 것이라고 말하고 싶다. 왜냐하면 원수까지도 사랑하는 신령한 사랑으로 충만한 자에게는 어떠한 죄도 거할 수 없기 때문이다.

한 어린 소녀가 천국을 '모든 사람이 모든 사람을 사랑하는 곳'이라고 묘사했다. 우리들 중 누구든지 하나님의 사랑으로 그 심령에 충만케 하는 자는 천국을 이 땅에 실현시킬 수 있다. 죄악에 압도당하지 않는 유일한 길은 "선으로써 악을 이기는 것"롬 12:19-21이다.

하나님의 성품에 참예하는 자

오직 하나님의 자녀만이 하나님의 성품에 참예할 수 있다. 그리고 하나님의 자녀라야만 그리스도를 닮은 자이다. 그러므로 주님이 당신의 제자들에게 산상수훈의 놀라운 말씀을 교훈하신 후 이렇게 부연하셨다.

"이같이 한즉 하늘에 계신 너희 아버지의 아들이 되리니" 마 5:45.

순종이 제사보다 낫다. 이제 우리는 갈라디아서 5:22-23 말씀으로 우리 자신과 삶을 검증해야 한다. 성령의 열매는 사랑과 희락과 화평과 오래 참음과 자비와 양선과 충성과 온유와 절제이다.

이 같은 거룩한 열매들이 우리의 삶 속에 있는지 자문해 보자. 우리는 이러한 것들을 경험하고 있는가? 우리와 교제를 나누는 사람들이, 주 예수의 영이 우리의 언어와 행실을 주장하고 있음을 분명히 느끼는가? 성령의 영감을 통해 바울이 말한 이와 같은 열매들은 하나님 자신의 속성들이다. 이것들은 '하나님의 성품'이 계시된 것이다. 그리고 이러한 열매 맺는 삶은 오직 "하나님의 성품에 참예하는 자"에게서만 보여진다 벧후 1:4.

이들 중 어떤 특별한 것이 결핍되었다면 우리는 우리 안에 내주하시는 구주께 우리 자신을 완전히 복종시킴으로써 그 실패를 극복할 수 있다.

'하나님은 사랑이시다.' 성령님이 우리 삶의 진정한 주인 되실 때, 삶 속에서 이 같은 일곱 가지 열매가 분명히 보여질 것이다. 즉 희락과 화평과 오래 참음과 자비와 양선과 충성과 온유는 우리 안에 거하시는 하나님의 사랑의 증거요 열매요 그 결과들이다. 본질적으로 그것들은 하나님의 선물이다.

사랑으로 제어되는 삶

성령의 열매로서 나타나는 희락은 우리 안에 거하시는 그리스도의 희락이다 요 15:11. 그리고 화평은 평화의 하나님이 주시는 선물이다 요 14:14.

27. 그것은 우리 안에 거하시는 하나님, 즉 우리를 성결케 하시는 살전 5:23 하나님의 평화이다. 우리의 구원은 주님이 오래 참으신 결과이다 벧후 3:15. 이미 오래 전 하나님은 자신을 "자비롭고 은혜롭고 노하기를 더디 하고 인자와 진실이 많은" 출 34:6 분으로 계시하셨다. 그러므로 우리가 오래 참을 때 하나님 닮은 자가 된다.

우리를 위대하게 하는 것은 하나님의 온유하심시 18:35, 즉 그리스도의 온유하심이다 고후 10:1. 우리가 오래 참을 수 있는 것은 하나님의 선하심 때문이다 롬 2:4. 그리스도의 믿음, 즉 하나님을 믿는 믿음 롬 3:3으로써 우리는 살아가야 한다. 주님은 제자들에게 하나님을 향한 믿음을 가지라고 명하셨다 막 11:22. 그래서 사도 바울은 "그런즉 이제는 내가 산 것이 아니요 오직 내 안에 그리스도께서 사신 것이라 이제 내가 육체 가운데 사는 것은 나를 사랑하사 나를 위하여 자기 몸을 버리신 하나님의 아들을 믿는 믿음 안에서 사는 것이라" 갈 2:20고 고백했다. 더욱이 믿음 그 자체는 하나님의 선물이다 엡 2:8.

우리가 나타내어야 할 것은 주님의 온유하심 고후 10:1이다. 믿음을 통해 우리의 심령 안에 거하는 그리스도는 "나는 마음이 온유하고 겸손하니" 마 11:29라고 하셨다. 우리는 이 같은 성품들 안에 거해야 한다. 왜냐하면 우리 자신의 어떠한 선행이나 노력으로도 그리스도를 닮을 수 없기 때문이다. 우리는 전적으로 주 예수 그리스도께 의존해야 한다. 그렇게 될 때 모든 것이 합력하여 우리로 하여금 그리스도를 닮게 할 것이다.

이 같은 하나님의 일곱 가지 성품은 스펙트럼에 나타나는 일곱 가지 색상과 흡사하다. 이 일곱 가지 색은 서로 혼합되어 하나의 밝은 빛을 낸다. 그것은 모두 사랑의 다른 측면들이다. 왜냐하면 하나님은 사랑이시기 때문이다. 그리고 하나님은 빛이시다.

사도 바울은 이제 또 다른 성령의 열매를 언급함으로써 논의를 끝맺고 있다. 그것은 '절제'이다. 즉 주 예수 그리스도의 영에 의한 절제이며, 사랑의 하나님에 의해 자기 자신이 제어되는 것이다.

그래서 그리스도 닮은 삶은 사랑으로 제어되는 삶이다. 우리가 성령의 열매를 사랑으로 생각하지 않을 수 있는가? 사랑은 우리의 삶에 있어서 희락, 화평, 오래 참음, 자비, 양선, 충성, 온유, 절제 등으로 뚜렷이 나타난다.

이와 같은 것들은 우리의 자아가 사랑의 하나님에 의해 통제되고 있다는 사실을 나타낸다. 이 같은 사랑의 일곱 가지 특성이 진실된 빛을 만든다. 그리고 우리는 이 빛으로 다른 사람들을 비추어 그들로 하여금 하늘에 계신 아버지께 영광을 돌리게 한다.

그리스도의 생명

그리스도는 "나는 세상의 빛이라"고 말씀하셨다. "너희는 세상의 빛이라"고도 하셨다. 그러므로 빛은 그리스도의 생명이다. 십자가에 흘리신 피로 구속된 모든 사람은 이 빛을 드러내기 위하여 부름 받았다 고후 4:10-11.

"그 안에 생명이 있었으니 이 생명은 사람들의 빛이라" 요 1:4.

우리가 이 같은 빛, 즉 생명을 우리 마음에 받아들이고 그것에 의해 온전히 통제될 때 우리는 그리스도를 닮는 것이다.

"어두운 데서 빛이 비취리라 하시던 그 하나님께서 예수 그리스도의 얼굴에 있는 하나님의 영광을 아는 빛을 우리 마음에 비취셨느니라" 고후 4:6.

순종, 즉 성령께 순종하고 성령의 열매를 맺는 것이 제사보다 낫다.

지금껏 우리는 그리스도 닮는 삶이 어떤 것인지 검증하는 원리를 알아보았다. 그러나 이 모든 검증의 원리들이 다 유익한 것이라 할지라도 아직 우리에게는 더 놀라운 검증의 원리가 하나 더 남아 있다.

사도 요한은 "하나님은 사랑이시라"는 말씀으로 하나님께 대한 가장 간명한 정의를 내렸다. 주 예수께 대한 순종은 오직 사랑에서 비롯된다.

"너희가 나를 사랑하면 나의 계명을 지키리라" 요 14:15.

가장 큰 계명

우리가 그리스도를 사랑하지 않는다면 그분의 계명을 진실되게 지키지 못한다. 아니 그 계명 중 어느 것 하나 제대로 지킬 수 없다.

주 예수 그리스도는 "예수께서 가라사대 네 마음을 다하고 목숨을 다하고 뜻을 다하여 주 너의 하나님을 사랑하라 하셨으니 이것이 크고 첫째 되는 계명이요" 마 22:37-38라고 가르치셨다.

이것은 시간적으로 가장 먼저 주어진 계명이다. 다른 어떤 계명보다도 이 계명이 먼저 필요하다. 하나님이 "너희는 살인하지 말라, 도적질하지 말라, 탐내지 말라" 등의 계명을 주시기 이전 시대에 하나님은 "너희는 사랑하라"고 명령하심으로써 자신의 뜻을 확실하게 계시하셨다.

우리가 이 계명에 온전히 순복할 때 다른 어떤 계명도 더 이상 필요하지 않다. 그러므로 이 계명은 시간상이나 그 중요성에 있어서 가장 "크고 첫째 되는" 계명인 것이다.

십자가에 못 박히시기 전날 밤 주님은 "새 계명을 너희에게 주노니 서로 사랑하라 내가 너희를 사랑한 것같이 너희도 서로 사랑하라"요 13:34고 말씀하셨다. 그렇다면 여기서 말씀하시는 새로운 계명이란 무슨 의미인가? 모세의 율법에도 "이웃 사랑하기를 네 몸과 같이 하라"레 19:18고 말씀하지 않으셨는가?

아마 어떤 사람은 이 구절을 다음과 같이 문자적으로 번역하려고 할 것이다. 즉 '너희가 서로 사랑하기 위하여 이제 내가 새 계명을 주노라.'고 말이다. 그러나 우리 주님은 여기서 자신의 마지막 만찬과 관련하여 이 계명을 말씀하셨던 것이다. "나를 기념하여 이것을 행하도록 하라." 이것은 매우 독특한 착상이다. 그러나 여기서 말하는 바 '새로움'은 이런 것에 있지 않다.

주님의 이 계명의 새로움은 그 계명의 '깊이, 넓이, 길이, 높이'에 있지 않겠는가? "내가 너희를 사랑한 것처럼 너희도 서로 사랑하라." 이것은 우리가 우리 자신을 사랑하듯 이웃을 사랑하는 것보다 훨씬 더 위대하고 고매하고 순전한 일이다.

주님은 마지막 만찬을 제정하시면서 이렇게 말씀하셨다. "나를 기념하여 이것을 행하도록 하여라." 이렇게 하는 이유는, 주님이 자신의 몸을 쪼개시고 보혈을 흘리신 것이 지금껏 인류에게 보이신 그 어떤 사랑보다도 위대했기 때문이다롬 5:8.

그것은 우리로 하여금 그러한 사랑을 인식하고 기억하게 하기 위한 초청이며, 또 다른 사람들과 교제함으로써 그 사랑을 나누도록 하기 위한 초청이다.

그리스도의 사랑에서 끊을 수 있는 것

우리는 앞 장에서, 하나님이 우리에게 부여해 주신 선함이란 곧 우리가 사랑이신 그리스도를 닮는 것임을 살펴보았다. 사랑의 문제에 있어서 하늘에 계신 아버지의 온전하심과 같이 우리도 온전해야 한다. 이렇게 될 때 우리는 사도 바울이 로마서 8장에서 하나님의 위대한 사랑롬 8:31-33과 그리스도의 크신 사랑롬 8:34-35에 대해 거듭 언급한 것을 보아도 놀라지 않는다.

나아가 우리는 사랑을 통해 환난, 곤고, 핍박, 기근, 적신, 위험, 칼 등을 능히 이길 수 있다는 말씀에도 놀라지 않는다. 왜냐하면 "다른 아무 피조물이라도 우리를 우리 주 그리스도 예수 안에 있는 하나님의 사랑에서 끊을 수 없기"롬 8:39 때문이다.

그 어떤 것도 끊을 수 없다? 그렇다. 오직 한 가지, 즉 사랑하지 않는 것만이 우리를 그리스도의 사랑에서 끊을 수 있다. 그러므로 우리는 이 같은 하나님의 사랑에 우리의 논의를 집중시켜야 한다.

우리가 사망에서 생명으로 옮겼다는 사실을 아는 것도 사랑을 통해서이다요일 3:14. 우리를 아는 모든 사람에게 우리 자신이 그리스도의 제자임을 알게 하는 것도 사랑을 통해서이다요 13:35.

그리스도 닮은 그리스도인이 되기 위해서는 반드시 사랑에 강조점을 두어야 한다. 그리고 이 사랑은 그리스도의 울타리 밖에 있는 사람, 즉 불신자들까지도 감지할 수 있는 정도의 사랑이어야 한다.

사람들이 그리스도인을 경멸하는 이유는 오직 우리가 사랑하지 않기 때문이다. 사랑이 없기 때문에 심지어 종교마저도 저주스러운 것이 되어 버린다. 이 세상의 대부분의 불행에 대한 책임은 사랑을 결여한 종교가 져야 한다.

사랑 없는 종교

순교의 불씨를 당긴 것은 바로 사랑 없는 종교였다. 사랑 없는 종교가 종교 재판이라는 극악한 형벌을 제정했다. 사랑 없는 종교가 이슬람교도들로 하여금 기독교 신봉자들을 죽이도록 만들었고, 이방인들을 노예로 삼거나 대량 학살하게 만들었다. 사랑 없는 종교가 신조가 다르다는 이유만으로 사람들을 미워하게 만들었다.

다양한 분파들간에 분쟁을 일으키게 함으로써, 오늘날까지 우리 주님을 공개적으로 욕보이게 하는 것 역시 사랑 없는 종교이다. 그러므로 사랑 없는 종교는 전쟁이나 알코올, 그리고 독보다도 더 많은 희생자를 내왔다.

모두가 다 동일한 생각을 가질 수는 없다. 그러나 우리가 자신과 생각이 다른 사람들을 사랑하지 않는다면 우리는 그리스도의 마음을 소유하지 않은 것이다.

이처럼 어렵고 고통스러운 세대에 있어서 그리스도를 닮고자 하는 열성적인 그리스도인들이 실행해야 할 첫 번째 일은, 자신과 다른 사상을 견지하고 있는 사람들과의 사랑의 관계를 유지, 발전시켜 가는 것이리라.

고통의 뿌리를 제거하라

우리는 잘못을 범하기 쉬운 성향을 지니고 있다. 우리 모두는 오해받기 십상이다. 그러나 욕을 하거나 심하게 타인을 정죄하는 것은 분명 바람직한 일이 아니다.

우리는 진리에 대한 자신의 생각이 옳다고 생각한다. 우리 모두는 자신이 신실하다고 믿고 있다.

우리는 친절해야 하고 온유해야 하며, 우리와 다른 사람들도 사랑으로 대해야 한다. 그러나 종종 우리는 다른 사람의 말과 행동, 생각을 오해하여, 그들이 우리를 거부한다고 생각한다.

우리들 안에 이같이 다른 사람들에게 '고통을 주는 뿌리'가 있다면 즉시 우리의 잘못을 인정해야 한다. 우리를 반대하는 사람들, 심지어 우리의 친구들까지도 우리의 사랑 없는 마음 때문에 상처를 받고 있다. 어쨌든 자신이 믿는 바가 하나님의 진리의 말씀에 비추어 볼 때 '잘못'일 수도 있다는 사실을 인정하도록 하자.

어떻게 하든지 다른 사람을 믿음 안에 굳게 세우도록 노력하자. 진실로 우리는 "성도에게 단번에 주신 믿음의 도를 위하여 힘써 싸우라" 유 3절 는 명령을 받았다.

그리고 이 같은 믿음은 성령 안에서 계시된다.

우리는 또한 사랑 안에서 참된 것을 하라고 명령받았다 엡 4:15. 왜냐하면 오직 이것을 통해서 우리는 그리스도 안에서 양육되고, 그리스도 닮은 자가 되기 때문이다.

주를 사랑하게 하소서

우리의 참된 염원은, 일할 때나 예배드릴 때나 휴가 때나 기쁠 때나 집에 있을 때나 밖에 있을 때 등 언제나 그리스도를 닮는 것이다. 산상수훈에 나타난 주님의 가르침으로 우리는 우리 자신을 검증할 수 있다. 그리고 성령의 열매가 우리 안에 나타나는지 알아봄으로써 우리 자신을 검증해 볼 수 있다.

뿐만 아니라 우리는 사랑이 과연 무엇이며 그 사랑이 무엇을 행하며 또 그 사랑이 무엇을 금하는지 알아봄으로써 우리 자신을 검증해 볼 수도 있다. 이 같은 목적을 위해서 우리는 사도 바울이 고린도인들에게 보낸 첫 번째 서신의 13장에 눈을 돌려야 한다. 이 13장에 나타난 말씀을 읽고 묵상할 때면 다음과 같은 기도문을 자연히 읊게 될 것이다. 그 기도문을 원문에 따라 번역하면 다음과 같다.

"오! 하나님, 인간이 이해할 수 없는 좋은 본으로 주를 사랑하게 하신 하나님! 우리 마음에 주를 사랑하는 마음을 부어 주소서. 그리하여 무엇보다 주를 더 사랑하고 또 그 가운데서 우리의 기대를 뛰어넘는 주의 약속을 얻게 하소서!"

그리스도 닮은 위대한 그리스도인

에이미 카마이클

에이미 카마이클 Amy Carmichael 1867-1951

인도 어린이들의 영적 교사이자 '암마'(Amma, 엄마)로 영원히 기억될 에이미 카마이클은 인간을 지으시고 부르시는 분이 하나님이심을 일찍이 깨닫고 그분의 뜻과 지혜에 순종할 때 비로소 효과적으로 그분을 섬길 수 있음을 전 생애를 통해 보여준 위대한 여성 선교사다.

카마이클은 북아일랜드의 유복한 기독교 가정에서 태어났으나 아버지가 숨을 거둔 18세 무렵부터 가족의 생계를 떠맡으면서 도시 빈민을 위한 복음 사역에 눈뜨기 시작하였다.

허약한 체질과 양부인 케직 사경회 회장 로버트 윌슨(Robert Wilson)의 반대를 무릅쓰고 일본으로 건너가 선교 활동을 하기도 했지만 언어의 장벽, 건강 악화 등의 이유로 실패를 맛보아야 했다. 하지만 선교에의 열망에 젖어 있던 그녀는 오래지 않아 인도로 갔고, 이후 55년간 단 한 번의 휴가도 없이 그곳 선교지에서 봉사하였다.

그녀의 활동 가운데 단연 눈에 띄는 것은 도나부르 공동체(Dohnavur Fellowship)에서의 사역일 것이다. 그녀는 인도로 들어간 지 1년 만에 공동체를 세우고 힌두교 사원에 팔려 가는 어린이들을 구출하고 보호하는 일에 뛰어들었다.

당시 인도 어린아이들은 일상다반사로 신에 대한 헌물로 사원에 맡겨졌고 종종 힌두교 남성들의 성적 노리개로 전락하기도 했다. 이 오래된 악습과 싸우면서 카마이클은 별의별 억측과 오해에 휩싸일 수밖에 없었다. 한때는 '아이를 잡으러 다니는 여자'라는

인도 어린이들의 '암마', 에이미 카마이클

누명까지 쓰기도 했다.

사역 기간 내내 카마이클은 아무에게서나 도움을 받지 않았다. 그녀는 하나님께 온전히 헌신한 소수 정예의 후원만 받는다는 고집스런 원칙을 끝까지 지켜 나갔는데, 이는 하나님께 대한 전적인 순종과 의뢰에 근간을 둔 것이었다.

그녀는 청년다운 열정과 의욕이 앞섰던 20대 초반에나 실족 사고로 누워서 집필만 할 수 있었던 인생 후반 20여 년 동안에나 한결같이 하나님의 뜻을 구하고 그 부르심에 전적으로 순종하는 태도를 견지하였다. 진정한 순종이 무엇인지 알기에 영국의 복식 제도와 선민 의식을 포기하고 인도의 가장 낮은 계층이 입는 민무늬 흰 사리(sari, 인도 여성들이 입는 민속 의상)를 걸치고 평생 독신을 고수하며 버림받은 아이들의 어머니가 되기 위해 가지고 있는 모든 것을 바칠 수 있었다.

그녀가 남긴 기도문을 보면 가장 위급하고 가장 번민에 싸여 있을 때 그녀가 가장 먼저 했던 것이 무엇인지 알 수 있다.

아버지여, 저의 뜻에 맞을 때까지 아버지의 뜻이 바뀌기를 기도해야 할까요?
아닙니다, 주님. 절대 그럴 수 없나이다. 오히려 제 인간적인 뜻을 주님 뜻에 맞추소서. 서두름과 절절한 갈망을 잠재우시고 격렬한 욕망의 고통을 가라앉히소서. 제 은밀한 곳에 난무하는 소원들을 보시고, 주여, 막으시고 불로라도 제하소서. 주 영광을 바라고 행하도록 제 안에서 일하소서. 제 안의 모든 것이 평안과 화목과 만족 가운데 사랑하는 주님의 안식을 기다리게 하소서.
마침내, 마침내, 젖뗀 아이처럼.

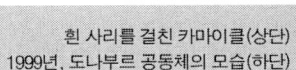

흰 사리를 걸친 카마이클(상단)
1999년, 도나부르 공동체의 모습(하단)

그 어떤 것도 오래 참는 것만큼 그렇게 분명하고 신속하며 확실하게
하나님과 당신의 사랑을 계시해 줄 수 없다.
이것이 오래 참음이 사랑의 속성 중 제일 먼저 언급된 이유다.

7
Love Suffereth Long

사랑은
오래 참는다

사랑은 오래 참는다

그 어떤 것도 오래 참는 것만큼 그렇게 분명하고 신속하며 확실하게 하나님과 당신의 사랑을 계시해 줄 수 없다.
이것이 오래 참음이 사랑의 속성 중 제일 먼저 언급된 이유다.

우리는 그리스도를 닮기 원한다. 그렇다면 우리로 하여금 그리스도를 닮게 만드는 것들은 무엇인가? 그리고 그리스도를 닮는 것을 방해하는 일들은 무엇인가?

하나님은 사랑이시다. 우리 안에 이 같은 사랑에 배치되는 것은 그 어떤 것도 유해하고 상처를 주는 것이다.

사랑은 오래 참고

주 예수의 영은 우리가 사랑이 명하는 것을 행하고 그 사랑이 비추라는 것을 비출 때 우리 안에 풍성히 거하신다. 그러므로 고린도전서 13장이 우리의 길잡이가 되어야 한다.

"사랑은 오래 참고" 고전 13:4.

이 얼마나 묘한 서두인가? 아마 사랑의 속성을 묘사할 때 '온유'로 시작하고 싶었을지도 모른다. 왜냐하면 사랑은 온유하기 때문이다. 그러나 사랑을 그 열매로 삼으시는 성령님은 오래 참음을 사랑의 가장 우선적인 첫 번째 속성으로 취하신다. "사랑은 오래 참고." 드러먼드Henry Drummond 교수는 이것을 '인내'로 보았다. '인내의 하나님'이 우리로 하여금 서로 같은 마음을 품게 하신다롬 15:5.

그러나 오래 참음은 그것이 인내라는 개념을 포함함에도 불구하고 그보다 더 위대한 어떤 것이다. 쥐를 잡기 위해 기다리는 고양이에게는 인내가 있다. 그러나 오래 참음이 없다.

13장에 나타난 사랑의 속성 중 왜 오래 참음이 제일 먼저 올라 있는가? 사랑은 이 세상에서 가장 위대한 것일 뿐 아니라 가장 강한 것이다. 신자가 하나님께 온전히 순종하여 그의 삶이 사랑에 의해 완전히 제어되어 그리스도 안에 있는 하나님의 사랑으로부터 우리를 끊을 것이 아무것도 없다는 사실을 확신할 때롬 8:39 그는 승리감에 취해 "내게 능력 주시는 자 안에서 내가 모든 것을 할 수 있느니라"빌 4:13고 소리 치고 싶을 것이다.

이 같은 신령한 사랑이 처음 분출될 때 앞에 놓인 모든 장애 요인들을 모조리 제거해 주는가? 그렇지는 않다. "사랑은 폐하여지지 않으며"라는 말은 진실하다. 사랑은 항상 있고, 모든 잘못을 덮어 준다. 그러나 사랑이 이 같은 최종적인 승리를 거두기까지는 오랜 시간이 필요하다. 그래서 사랑은 종종 오래 참아야 하는 것이다.

이것이 첫 번째 교훈이다. 사랑의 힘과 능력은 그것이 무엇을 하게 하는가뿐 아니라 그것이 무엇을 금지하고 있는가에서도 보여진다. 우리는 온유해질 수 있다. 그러나 오래 참지 못한다면 그 온유도 조금밖에 베풀지 못할 것이다. 성령님은 무엇을 하는가보다도 무엇을 하지 말아야 하는가에 의해 사랑의 속성이 더 자주 인식된다고 계시하신다.

이제 하나님이 시작하라고 하신 곳에서 시작해 보자. "사랑은 오래 참고." 우리는 그렇게 하고 있는가? 성령의 열매는 사랑, 희락, 화평, 오래 참음갈 5:22이다. 여기서도 자비나 양선 같은 속성들이 오래 참음 뒤에 나타나 있다.

오래 참음

그렇다면 '오래 참음'은 무엇인가? 헬라어에서는 이 말이 인내, 견고함, 보존, 지속, 악을 보복하는 데 있어서 서두르지 않음 등을 의미한다. 신약에서 이 말은 적대적인 일들이나 사건이 아니라 고통받고 상처 받는 사람들을 대하는 데 있어서 인내한다는 의미로 사용된다.

현대의 성경은 이 말을 풀어서 설명하려고 시도한다. 사랑은 지속되는 악행을 인내한다. 지속되는 비방을 인내한다. 사랑은 관대할 뿐만 아니라 줄곧 용서하고, 악을 잊어버리며 또 악행자를 사랑한다.

"모든 겸손과 온유로 하고 오래 참음으로 사랑 가운데서 서로 용납하고" 엡 4:2.

단순히 보복하거나 작은 일에 분노하는 데 있어 느리다는 것만으로는 부족하다. 사랑은 보복할 수 없으며, 작은 일에 분개할 수 없다. 사랑은 보복의 마음을 가질 수 없다. 그러므로 오래 참음은 지속적인 온유와 자비의 빛나는 결합이다.

사랑의 강권

이제 이 같은 오래 참음의 문제에 있어서 어떠한 태도를 견지해야 하는가? 우리를 해치고 성나게 하는 것에 대해 보복하지 않고, 원한에 사무치지 않으며, 분개하지 않는 것은 영광스럽게도 우리에게 가능한 일이다.

우리가 사도 바울과 같이 "그리스도의 사랑이 나를 강권하시는도다"라고 고백할 때, 우리는 오래 참을 수 있고 어떠한 고역에 대해서도 항상 아낌없는 온유를 베풀 수 있다.

오래 참는다는 것은 얼마나 기쁜 일인가! 어느 누가 이처럼 사랑으로 제어되는 삶을 살아 가기를 진지하게 소원하지 않겠는가?

우리는 그리스도 닮기를 열망한다. 그러나 그것은 선한 결심과 열망만으로는 부족하다. 아무리 거듭해도 우리는 하나님의 온전하신 영광에는 미치지 못한다. 사랑의 하나님은 "자비롭고 은혜롭고 노하기를 더디 하시는" 출 34:6 분이다.

이제 하나님이 이렇게 말씀하시지 않는가?

"오라 우리가 서로 변론하자" 사 1:18.

한편 성경에는 오래 참아야 하는 놀랄 만한 이유들이 있다.

오래 참으시는 하나님

첫째, 하나님 자신이 오래 참으시는 분이라는 사실이다. 구약에 이 같은 사실이 얼마나 풍성하게 계시되어 있는가! 하나님은 택하시고 사랑하신 백성에게 사랑과 은혜를 베푸시고 또 얼마나 오래 참으셨던가? 하나님은 그들에게 은총을 한량없이 베풀어 주셨다. 그러나 그들은 자주 하나님을 망각했고, 경멸했으며, 그분의 은혜를 저버렸다.

우리는 그들이 지속적으로 하나님과 맺은 언약을 깨트리고 하나님께 반역하며, 하나님께 죄악을 범하고, 모든 은총을 저버리는 것을 성경을 통해 볼 수 있다. 이 같은 모든 결함에도 불구하고 하나님은 여전히 그들을 사랑하셨다.

"내가 무궁한 사랑으로 너를 사랑하는고로 인자함으로 너를 인도하였다 하였노라" 렘 31:3.

이스라엘의 왕이었던 다윗은 진실된 입술로 "주의 온유함이 나를 크게 하셨나이다" 삼하 22:36라고 고백할 수 있었다.

하나님은 택하신 백성에게 얼마나 자주 경고하셨던가? 그리고 얼마나 자주 이렇게 말씀하셨던가? "네가 범죄하고 나와 나의 계명을 저버린다 할지라도 네가 언제라도 돌아오기만 한다면, 그래서 돌이키기만 한다면 내가 너희를 용서해 줄 것이니라."

당신은 하나님의 백성들이 광야에서 가증한 우상 숭배와 음탕한 죄악을 범하고 난 다음 그들의 마음에 닥친 공포와 전율, 불안이 얼마나 심했을지 상상해 보았는가? 모세는 산에서 40일을 하나님과 함께 보내고 있을 때, "너는 내려가라……네 백성이 부패하였도다"출 32:7라는 갑작스런 하나님의 말씀을 들었다. 이스라엘 백성들은 모세가 노하여 십계명 돌판을 던져 산산조각 내는 것을 목도했다. 그들은 모세가 금송아지 우상을 부서뜨려 가루로 만들어 버리는 것을 지켜보았다. 그리고 그들은 모세의 맹렬하고 불타는 듯한 목소리를 들었다.

"너희가 큰 죄를 범하였도다 내가 이제 여호와께로 올라가노니 혹 너희의 죄를 속할까 하노라" 출 32:30.

참을 수 없는 긴장이 흘렀을 것이 틀림없다. 과연 하나님이 어떤 형벌을 내리실 것인가?

이같이 무시무시한 위기의 순간, 즉 하나님 백성의 역사상 가장 무서운 순간에 하나님은 자신의 영광을 계시해 보이셨다. 하나님은 이 같은 긴장과 슬픔의 시간에, "내가 나의 모든 선한 형상을 네 앞으로 지나게 하고 여호와의 이름을 네 앞에 반포하리라……여호와로라 여호와로라 자비롭고 은혜롭고 노하기를 더디 하고 인자와 진실이 많은 하나님이로라" 출 33:19, 34:6고 하셨다.

오! 이 같은 계시의 기쁨이여! 이보다 더 달콤한 말이 어디 있겠는가? 회개한 백성들에게 다시금 사랑과 헌신을 불러일으키는 말이 이것 이외에 또 있겠는가? 이러한 하나님이 당신과 나를 향해서 이와 동일하게 오래 참아 오시지 않았던가? 그리고 하나님은 죄악 되고 보잘것없지만 회개하는 자들을 기뻐 뛰게 하시지 않았던가?

왜냐하면 하나님은 '오래 참으시고 사악과 죄와 타락한 심령을 용서하시는 분'이기 때문이 아닌가? 그분의 거룩하신 이름을 찬양하자.

오래 참으시는 예수님

둘째, 주 예수님도 오래 참으셨다. 그분은 하나님이시다. 우리가 그분의 오래 참으시는 모범과 신령한 삶의 방식을 곰곰이 살펴보면 큰 도움을 얻을 수 있다.

그리스도의 오래 참으심은 놀랍다 살후 3:5. 여기에 영감이 있다.

"모든 무거운 것과 얽매이기 쉬운 죄를 벗어 버리고 인내로써 우리 앞에 당한 경주를 경주하며 믿음의 주요 또 온전케 하시는 이인 예수를 바라보자 저는 그 앞에 있는 즐거움을 위하여 십자가를 참으사 부끄러움을 개의치 아니하시더니 하나님 보좌 우편에 앉으셨느니라 너희가 피곤하여 낙심치 않기 위하여 죄인들의 이같이 자기에게 거역한 일을 참으신 자를 생각하라" 히 12:1-3.

여기에 영감 어린 명령이 있다. 우리는 예수님이 얼마나 참으셨는지 생각하라는 명령을 받았다.

"기쁨으로 모든 견딤과 오래 참음"을 견지하지 못한다면 우리는 "모든 선한 일에 열매를 맺을 수" 없다 골 1:10-11.

사도 바울이 우리에게 그리스도를 본받는 자 혹은 따르는 자가 되라고 명령할 때마다 그 명령은 오래 참음의 문제와 관련이 있었다.

사도 베드로도 이와 동일한 충고를 한다. 우리가 오래 참을 때 하나님은 기뻐 받으실 것 이다.

"이를 위하여 너희가 부르심을 입었으니 그리스도도 너희를 위하여 고난을 받으사 너희에게 본을 끼쳐 그 자취를 따라 오게 하려 하셨느니라 저는 죄를 범치 아니하시고……욕을 받으시되 대신 욕하지 아니하시고 고난을 받으시되 위협하지 아니하시고 오직 공의로 심판하시는 자에게 부탁하시며" 벧전 2:21-23.

이 말씀을 기록할 때 시몬 베드로는 자신이 주 예수를 욕한 때, 즉 그분을 저주하고 맹세하면서 부인한 때를 기억하지 않았겠는가? 사랑의 왕은 우리에게 얼마나 훌륭한 모범을 남겨 주셨던가!

인내의 발자취

우리를 위해 그리스도가 행하신 모든 일을 생각할 때, 그것이 우리로 하여금 주님의 발자취를 따르게 한다. 주님은 비탄과 욕설, 수치 그리고 모욕을 얼마나 인내하셨던가! 그 얼마나 심한 모멸, 거부, 모략을 인내하셨던가!

그분은 먹기를 탐하는 자, 술 마시기를 탐하는 자, 죄인, 사람을 속이는 자, 신성 모독자 등의 비방을 받으셨다. 뿐만 아니라 귀신 들린 자, 사탄의 능력을 빌려 이적을 행하는 자로 고소를 당했다. 그래서 결국 위협을 받고, 손바닥으로 맞고, 채찍에 맞으며 결국 십자가에 못 박히셨다.

그러나 주님은 자신의 모든 대적들에게 선으로만 대하셨고, 그들을 위해 기도하셨으며, 그들의 죄를 용서하셨고, 또한 끝까지 그들을 사랑하셨다. "그리스도의 오래 참으시는 삶이 단 한 번도 자신의 오래 참으시는 속성과 배치되는 법이 없으셨다."고 어떤 사람이 말했다. 그분은 우리에게 하나의 모범을 제시해 주셨고 우리는 그분의 발자취를 따라가야 한다. 이 얼마나 훌륭한 모범인가!

지치지 않는 용서

주님은 자신의 제자들에게도 얼마나 오래 참으셨던가!

"세상에 있는 자기 사람들을 사랑하시되 끝까지 사랑하시니라" 요 13:1.

그들의 마음이 둔하고 악하며 강퍅했음에도 불구하고, 또한 그들의 빈번한 실패와 타락, 이기심, 죄악에도 불구하고 주님은 오래 참으셨다.

주님이 배반자 유다에게 "빨리 너의 할 일을 시행하라"고 말씀하셨을 때, 그분의 눈길은 밖으로 나가는 배반자 유다에게 향해 있었지만 그분의 손길은 그 배반자의 등에 얹혀 있었다는 오래된 전승이 있다. 주님은 그 때까지도 여전히 그를 사랑하고 계셨던 것이다. 주님을 넘겨 줄 때 실제로는 주님이 유다에게 먼저 입맞춤을 하셨다는 이야기도 전해진다. 그가 하시고자 했던 일은 바로 이러한 것이었다.

지치지 않는 용서의 마음,
그분은 오직 사랑만 하실 수 있으셨다.

이는 그의 생애에 있어서 가장 심각한 죄악을 범하고 난 후의 베드로에게도 동일하게 보여진다. 그 날 밤 시몬은 주님을 저주하지 않았던가? 그밖에 다른 누구를 저주할 수 있었는가? 영광스러운 부활 이후 주님은 시몬 베드로가 먼저 주님을 찾아와서 그 죄악의 슬픔을 표하기를 기다리지 않으셨다. 주님은 "나의 제자들 그리고 베드로에게 말하라"는 부드러운 메시지를 보내셨다. 이 말은 베드로를 잊지 말라는 의미가 아닌가! 그러나 이것만으로 만족하지 않으시고 주님은 그의 사랑하시는 제자 사도 요한에게 자신을 계시하시기 전에 먼저 베드로를 찾으셨다. 사랑의 주님이 자신을 부인했던 그를 홀로 찾아가셨던 것이다.

"너희에게 본을 끼쳐." 이 말을 한 사람은 바로 사도 베드로이다. 주님은 한때 이렇게 탄식하셨다.

> "믿음이 없고 패역한 세대여 내가 얼마나 너희와 함께 있으며 얼마나 너희를 참으리요" 마 17:17.

이 말은 진실되다. 그러나 이 말은 주님이 인내심이 없어 하신 말씀이 아니라 자신의 극도의 슬픔을 나타내신 말로 보아야 할 것이다. 이제 우리 자신을 돌아보자. 우리는 이 같은 모범을 실천하고 있는가? 얼마나 빨리 우리는 믿음의 동역자들이나 친구들의 조그마한 실수, 거절의 말 혹은 꼬집는 말에 분개하는가? 우리의 자비로우신 주님은 결코 그렇게 하지 않으셨다.

오래 참지 못하는 부끄러움

주일 예배가 끝난 후 어떤 목사가 자기 교회를 방문하여 설교해 준 다른 목사에게 불평을 쏟아 놓기 시작했다. 그는 교회 직분자들의 태도에 대해 신랄한 불평을 털어 놓았다. 뿐만 아니라 성도들의 행동에 대해서도 불평했다.

방문한 목사는 그의 말을 동정 어린 눈빛으로 진지하게 경청했다. 그가 듣기에 그것은 정말 슬픈 이야기였다.

마침내 방문한 목사가 이렇게 물었다. "그들이 당신에게 가시관을 씌웠습니까? 아니면 채찍으로 때리거나 십자가에 못 박기라도 했습니까?"

"그 정도까지는 아닙니다."

그러자 방문한 목사가 말했다. "나는 사랑하는 우리 주님과 그분의 고통을 생각해 봅니다. 그분은 욕을 당하셨지만 다시 욕하지 않으셨습니다. 주님은 우리에게 모범을 보이셨습니다."

"잠깐, 잠깐! 이제 그만하십시오." 하고 그 목사는 소리 쳤다. 그는 자기가 현재 주님과 얼마나 닮지 않았는지 깨달았다. 불평이나 불만이 그의 입술에 다시는 오르지 않았다. 그는 오래 참는 자로 변하게 되었고, 자기를 반대하는 자들에게 아낌없는 온유와 사랑을 베풀었다.

교회를 방문했던 목사가 다시 왔을 때 그 교회의 한 직분자가 물었다. "목사님이 지난번 저희 교회에 오셨을 때 저희 목사님께 어떤 말씀을 하셨습니까? 우리 목사님이 변하셨습니다. 목사님이 다녀 가시고 난 다음, 저희 목사님이 너무도 사랑이 많은 분으로 변화되셨고 우리 교회에도 새로운 부흥이 일어나게 되었습니다."

그 목사는 "우리는 단지 예수님에 관해 이야기를 나누었을 뿐입니다."라고 대답했다.

주께서 용서하신 것과 같이

사실 우리는 이렇듯 깊이 생각하지 않는다. 즉 우리는 주님을 충분히 묵상하지 않는다. 그리하여 우리는 주님을 무례하게 배척하는 부류에 속하고 만다.

거룩한 성도의 무리에 계수되어야 할 우리들이 도리어 악인들이 행하는 죄악을 더 많이 범하지는 않았던가? 불행하게도 나의 경우에는 그랬다. 당신은 그렇게 행하지 않았는가?

형제들이여! 예수님이 우리를 위해 오래 참으시지 않는다면, 우리가 어디에 설 수 있겠는가? 그러므로 "우리 주의 오래 참으심이 구원이 될 줄로 여기라"벧후 3:15는 성경 말씀은 진정 우리를 위한 것이다.

우리가 이러한 생각을 가질 때, "너희는 하나님의 택하신 거룩하고 사랑하신 자처럼 긍휼과 자비와 겸손과 온유와 오래 참음을 옷 입고 누가 뉘게 혐의가 있거든 서로 용납하여 피차 용서하되 주께서 너희를 용서하신 것과 같이 너희도 그리하고"골 3:12-13라는 성경의 명령에 온전히 순종하지 않겠는가?

한편 우리 주님은 '실족하게 하는 일'에 대해서는 강력하고도 분명하게 말씀하셨다.

> "누구든지 나를 믿는 이 소자 중 하나를 실족케 하면 차라리 연자 맷돌을 그 목에 달리우고 깊은 바다에 빠뜨리우는 것이 나으니라"마 18:6.

우리가 오래 참지 못하거나 보복을 한다면 우리는 이 말씀에 나타난 것과 동일한 정죄에 빠질 것이다. 우리는 이 문제에 대해 충분한 숙고를 하지 않고 있는 것 같다. 실족하게 하는 것이 얼마나 큰 죄악인지, 실족하게 하는 일이 얼마나 자주 발생하고 있는지 크게 개의치 않는다. 사랑은 결코 실족하게 하지 않는다는 것과, 사랑은 오래 참는다는 사실을 기억하라.

모두 탕감해 주었노라

우리가 여기에 실패한다면 모든 충성된 자들이 정죄하는 무자비한 종과 같은 위치로 전락하고 말 것이다. 주님이 이 종에 관한 이야기를 해주셨다〈마 18:23〉.

무자비한 종은 주인에게 일만 달란트의 빚을 지고 있었다. 그가 그것을 갚을 능력이 없자 주인은 탕감해 주었다. 그럼에도 불구하고 그는 밖에 나가서 자기에게 일백 데나리온 빚진 자를 잡아 돈을 갚으라 윽박지르고 결국에는 그를 옥에 가두어 버렸다.

주님은 우리에게 이보다 더 큰 채무를 탕감해 주셨다. 즉 당신의 보배로운 피로써 우리를 정죄하는 채무 장부를 말소시키셨던 것이다.

"친히 나무에 달려 그 몸으로 우리 죄를 담당하셨으니 이는 우리로 죄에 대하여 죽고 의에 대하여 살게 하려 하심이라 저가 채찍에 맞음으로 너희는 나음을 얻었나니" 벧전 2:24.

주님이 우리에게 탕감해 주신 빚은 얼마나 큰가!

"주께서 죄악을 감찰하실진대 주여 누가 서리이까 그러나 사유하심이 주께 있음은" 시 130:3-4.

우리가 무자비함으로 다른 사람을 실족하게 하는 유혹에 빠질 때면 이와 같으신 주님을 기억하자. 그리고 "나는 너희에게 모든 것을 탕감해 주었노라"는 주님의 음성에 귀 기울이자.

고난에 대한 순종

그러므로 누구에게든지 다음과 같은 말을 듣지는 말자.

"혹 네가 하나님의 인자하심이 너를 인도하여 회개케 하심을 알지 못하여 그의 인자하심과 용납하심과 길이 참으심의 풍성함을 멸시하느뇨" 롬 2:4.

은혜로우신 주님은 당신의 이 같은 모범이 헛되이 우리에게 주어지게 하시지 않는다.

우리가 왜 고난을 참아야 하는지 그 세세한 이유까지 들어갈 필요는 없다. 다만 인자이신 예수 그리스도도 "고난으로 말미암아 온전케" 히 2:10 되실 필요가 있었다면, 하물며 우리야 고난을 더욱 인내해야 하지 않겠는가?

"그가 아들이시라도 받으신 고난으로 순종함을 배워서" 히 5:8.

그 어떤 것도 하나님을 전적으로 신뢰하는 하나님의 자녀를 해칠 수 없다. 왜냐하면 우리가 하나님께 순종하기로 결단하는 바로 그 순간부터 하나님이 전적으로 책임져 주시기 때문이다.

"인내를 온전히 이루라 이는 너희로 온전하고 구비하여 조금도 부족함이 없게 하려 함이라" 약 1:4.

주님은 우리를 사랑하시는 만큼이나 우리를 핍박하는 자들도 사랑하신다. 과연 우리는 우리 삶을 통해 항상 사랑의 성령을 드러내고 있다고 하나님께 인정받을 수 있겠는가?

그 어떤 것도 오래 참는 것만큼 그렇게 분명하고 신속하며 확실하게 하나님과 당신의 사랑을 계시해 줄 수 없다. 아마 오래 참음이 사랑의 속성 중 제일 먼저 언급된 이유가 여기에 있지 않나 생각된다.

그리스도를 드러낼 기회

우리가 직면한 모든 보복, 악의, 분노, 적대 행위 등은 우리 안에 거하시는 그리스도를 다른 사람들에게 나타내 보여줄 수 있는 영광스러운 기회이다. 어떻게 하면 우리가 이와 같은 적대적인 모든 것들을 기꺼이 받아들일 수 있겠는가!

"의를 위하여 핍박을 받은 자는 복이 있나니 천국이 저희 것임이라 나를 인하여 너희를 욕하고 핍박하고 거짓으로 너희를 거스려 모든 악한 말을 할 때에는 너희에게 복이 있나니 기뻐하고 즐거워하라 하늘에서 너희의 상이 큼이라" 마 5:10-12.

악을 갚거나 원수에게 앙갚음하거나 분노할 때마다 그리스도의 영광에 해를 끼치고 있음을 우리는 잘 모르고 있다.

사도 바울은 이것을 잘 알고 있었다. 이와 관련하여 고린도후서 4장을 다시 읽도록 하라.

사도 바울은 "사방으로 우겨 쌈을 당하고 답답한 일을 당하고 또 핍박을 받았음"에도 불구하고, "그리스도의 생명이 우리의 몸에 나타나게 하는 것"을 목표로 삼았던 것이다.

사랑의 반응

그러므로 우리는 미움과 악에 대하여 사랑으로써 답하자. 그리하여 선함만이 나타나도록 하고, 주님이 영광을 받으시도록 하자.

우리는 "돌에 맞아도 싸!", "이게 내 성격인 걸.", "나는 다혈질이야.", "지렁이도 밟으면 꿈틀한다는데……."라며 우리의 참지 못하는 성품을 변명할 수도 있다.

정녕 그럴까? 하나님의 자녀 된 우리가 겨우 지렁이에다 자신을 비유해야 하는가?

우리가 집에서나, 직장에서나, 가정에서나, 여가 때나, 회의석상에서나 교회에서 항상 자비의 정신을 드러낸다면 얼마나 은혜롭고 거룩하며 복된 영향을 미칠 수 있을까! 우리는 천국을 드러내야 한다. 그럼에도 불구하고 왜 그렇지 못하는가?

"엄마! 엄마는 그리스도인이에요?" 어느 날 한 어린 소녀가 주저주저하면서 이렇게 물었다. "왜 그러니, 애야? 엄마는 그리스도인이고 말고! 왜 그런 질문을 하니? 네가 기도하는 소리를 엄마가 못 들어 봤는데 예수님께 기도드리는 법을 가르쳐 주련?" "예, 엄마. 그런데 제가 일부러 말을 듣지 않은 것도 아닌데 왜 그렇게 저에게 화를 내며 소리지르셨어요? 저는 그걸 모르겠어요."

우리는 이 어린아이에게서 배워야 한다.

"저 사람이 내 구두를 훔쳐 갔어요!" 한 청년이 흥분해서 프란체스코 Francesco d'Assisi에게 이렇게 외쳤다. 그러자 그는 "그래요? 빨리 뒤쫓아 가서 양말까지 벗어 주세요."라고 말했다. 프란체스코의 이름이 오늘날까지도 전 세계적으로 숭앙받으며 그의 삶이 우리에게 감화를 미치고 있음은 이런 연유 때문이 아니겠는가!

필자의 친구의 일이다. 그는 전쟁 중에 막사에서 꿇어 엎드려 기도하고 있었다. 그 때 평소 거만한 동료가 술이 취해 막사로 들어오더니 흙묻은 군화를 벗어서 기도하고 있는 친구의 머리에 휙 던져 버렸다. 그리고 나서 그는 침대로 뛰어 들어갔다. 아침에 일어나서 그는 자신의 군화가 윤이 나게 닦여져 머리맡에 놓여 있는 것을 발견했다.

친구의 이러한 행동이 그 거만한 사람을 구세주에게로 인도하였던 것이다. 그 때 친구가 그 자에게 보복하거나 질책했다면 아마 그는 더 사악해져서 핍박을 일삼았을 것이다. 오래 참음은 긴 설교보다도 더 능력이 있다.

만난과 고초의 즐거움

복된 자가 되기를 원하는가? 그리고 내 안에 있는 '그리스도의 생명'을 다른 사람들이 발견하길 원하는가? 그렇다면 다른 사람들이 내게 대하여 보복하고 모든 악한 것으로 거짓 증거하고 욕할 때 이보다 더 좋은 기회는 없을 것이다.

바로 이러한 이유 때문에 주님은 이와 같은 일들이 발생할 때 "기뻐하고 즐거워하라"고 말씀하셨던 것이다. 그렇다면 이와 같은 일을 행할 때 주어지는 '하늘의 큰 상급'은 무엇인가?

그것은 곧 다른 사람들이 우리 안에 있는 그리스도의 영을 발견하고 이로 인해 그리스도께 꿇어 엎드려 돌아오는 것을 보는 것이다. 그러므로 "지혜 있는 자는 궁창의 빛과 같이 빛날 것이요 많은 사람을 옳은 데로 돌아오게 한 자는 별과 같이 영원토록 비취리라"단 12:3고 성경은 말씀하고 있다. 그들이 축복을 전하는 자로 존재하는 것이 바로 하늘로부터 그들에게 주어지는 상급이다.

오래 참도록 통제하여 주소서

그러나 여기서 실수하지 말아야 할 것이 있다. 그것은 우리가 자신의 어떠한 의지나 선한 결심으로써 오래 참는 정신을 만들어 내지는 못한다는 것이다. 이것은 오직 성령의 열매이다. 즉 성령의 열매는 사랑, 희락, 화평, 오래 참음……이다.

우리는 반드시 "그 영광의 힘을 좇아 모든 능력으로 능하게 하시며 기쁨으로 모든 견딤과 오래 참음에 이르게"골 1:11 되어야 한다.

우리는 예수를 깊이 생각해야 할 뿐만 아니라 주님이 우리를 주장하시도록 해야 한다. 그래서 우리는 겸허하게 이렇게 기도해야 한다.

> 이 날을 인도하시고 통제하시며 보살펴 주옵소서.
> 내가 계획하고 행하고 말하는 모든 것들이
> 그리고 나의 모든 능력이
> 주님의 영광을 위해 연합하게 하옵소서.

그리스도 닮은 위대한 그리스도인

파트리키우스

파트리키우스(패트릭) Patricius 387경-493

무지와 몽매로 잠들어 있던 땅 아일랜드에 오로지 성경 말씀만이 기준이 되는 복음을 전하고 장로 체계가 정립된 교회들을 세운 파트리키우스는 닥쳐온 고난을 견디며 심중의 흔들림 없이 오랜 세월을 인내함으로써 유럽 전역의 참된 복음화에 영향을 끼친 위대한 선교사다.

당시 로마 치하에 놓여 있던 스코틀랜드의 한 장로 가정에서 태어난 그는 16세 무렵 아일랜드의 해적들에게 납치되어 6년 동안 양떼를 돌보며 비참한 생활을 해야 했다. 그러나 그 참담한 세월 동안 자신의 죄인 됨에 대해 각성하고 열정적인 신앙심을 키웠으며, 결국 꿈에 나타난 천사의 음성에 따라 탈출을 감행하기는 했으나, 다시 한번 꿈을 통하여 아일랜드 복음 선교에의 소명을 받고 돌아갈 결심을 한다.

게르마누스(Germanus of Auxerre) 주교 문하에서 수련을 받고 서품을 받은 그는 432년경 마침내 몇 명의 동역자와 함께 한때는 그토록 간절하게 벗어나기를 꿈꾸었던 아일랜드로 들어가 이후 30여 년의 세월 동안 아일랜드의 복음화를 위해 헌신하였다. 그는 확실하게 은혜란 전적으로 하나님의 주권으로 주어지는 선물임을 깨닫고 있었으므로, 이국땅에서의 그 고달픈 시간들을 기꺼이 감내할 수 있었다.

하나님이 허락하지 않으시면 나 혼자서는 아무것도 할 수 없다. ……주님은 결단코 이 백성들로부터 나를 떼어놓지 않으실 것이다. 나는 하나님이 내게 인내를 주시길 기도한다. 죽는 순간까지 주님만을 위한 신실한 증인으로 삼아 주시기를 기도드린다.

파트리키우스가 6년 동안 양치기 생활을 했던 슬레미시 산 그는 아일랜드 원주민의 생활에 뿌리 깊이 침투해 있던 고대 종교인 드루이드교와 끊임없는 투쟁을 벌였고, 기독교에 대해 적개심을 품은 지역 족장들을 부단히 설득하고 회유하였다. 비록 많은 교육을 받지는 못하였지만, 그는 심플하고 순수한 도덕 의식과 정제되고 원칙에 준한 투박한 신학으로 아일랜드 민중 사이에 복음의 씨앗을 심기 시작했다.

그리하여 그가 사역을 마칠 때쯤 아일랜드의 교회는 360개소가 넘게 되었고, 각 교회는 신약의 교회들처럼 목사와 장로들이 섬김의 의무를 알고 실천하는 곳으로 정립될 수 있었다.

그에 의해 세워진 수도원들은 분명 로마 가톨릭 산하의 수도원들과는 구별되었다. 이곳의 수도자들은 몇 년에 걸쳐 성경을 배웠고 복음화의 길을 훈련받았으며, 세상과의 단절을 부르짖은 것이 아니라 자연스럽게 가정을 이루고 사역을 이어나갔다. 이와 같이 파트리키우스와 그의 사역으로 세워진 수도원과 교회들 때문에 아일랜드는 '성도와 학자의 섬'으로 알려지게 되었다.

항상 자신을 '가장 소박한 시골 사람으로서 모든 신자 중에 가장 작은 자'라고 일컫곤 했던 파트리키우스는 훗날 수많은 전설과 설화의 주인공이 되기도 했는데, 그가 어느 비신자에게 잎사귀가 3개 달린 토끼풀로 삼위일체 교리를 설명하였다는 일화는 유명하다.

지금도 아일랜드 사람들은 파트리키우스 기념일이 되면 토끼풀을 옷깃에 단다. 토끼풀은 아일랜드의 국화이기도 하다.

아일랜드의 한 수도원에 세워져 있는 파트리키우스의 동상

온유한 심령은 화관보다 낫다.
하나님의 인자하심은 우리를 끌어당겨 그리스도께 묶어 준다.
우리도 하나님의 인자하심을 닮을 때 다른 사람을 그리스도께로 끌어당길 수 있다.

8
Be Kind

사랑은
온유하다

사랑은 온유하다

온유한 심령은 화관보다 낫다.
하나님의 인자하심은 우리를 끌어당겨 그리스도께 묶어 준다.
우리도 하나님의 인자하심을 닮을 때 다른 사람을 그리스도께로 끌어당길 수 있다.

하나님은 사랑이시다. 사랑은 온유하다. 하나님을 기쁘게 해드리고 싶은가? 우리가 "마땅히 어떻게 행하며 하나님께 기쁘시게 할까?"살전 4:1 하고 자문한다면 그 대답은 이렇다.

"형제를 사랑하여 서로 우애하고 존경하기를 서로 먼저 하며" 롬 12:10,

"서로 인자하게 하며 불쌍히 여기며 서로 용납하기를 하나님이 그리스도 안에서 너희를 용서하심과 같이 하라" 엡 4:32.

우리 마음속에 '독의 뿌리'가 있다면, 그 어떤 제물을 드리고 예배를 드리며 종교 행위와 의식을 행한다 할지라도 하나님을 기쁘시게 하지 못한다.

사랑은 온유하며

그리스도 닮은 자는 온유하다. 온유함보다 더 바람직한 것은 없다. 온유한 말은 결코 사라지지 않는다.

오늘날 성경을 현대어로 번역하려는 시도가 굉장히 많다. 그러나 "사랑은 온유하며"라는 말씀을 바꾸려는 사람은 거의 없다. 그렇게 바꾸어 쓸 필요도 없다. 우리 모두는 온유가 무엇인지 안다. 그리고 온유를 체험할 때 우리는 그것을 인식할 수 있다.

그런데 어떤 성경 학자는 "사랑은 온유하며"라는 성경 구절을 이렇게 번역했다. "사랑은 항상 다른 사람들에게 선을 행하려고 애쓰는 것이다."

그러나 사랑은 "애쓸" 필요가 없다. 왜냐하면 사랑은 자발적이기 때문이다. 사랑은 온유하지 않을 수 없다. 온유는 어떠한 경우에라도 우리의 마음을 감동시킬 수 있는 속성이요, 덕목이다. 온유는 얼굴과 표정을 통해서도 나타난다.

헬라어로 온유는 '유용한, 유순한, 온화한, 즐거운' 날카롭고 딱딱하며 신랄하다는 의미와 반대됨 등의 의미가 있다. 신약에서 온유가 하나님과 연관해서 사용될 때에는 종종 '자비로운'으로 번역되었다.

사랑을 묘사하는 고린도전서 13장에서 사도 바울이 사랑의 특성을 적극적으로 언급한 것은 두 개뿐인데, "사랑은 온유하며"와 "사랑은 진리와 함께 기뻐하고"이다. 즉 온유와 진리이다. 이 두 가지는 특별히 그리스도 안에 있는 특성이다.

인애의 법

온유하지 않은 사람이라 할지라도, 불의와 욕설에 대해 방관적이거나 교만한 자세로 참을 수는 있다.

그러나 그리스도 닮은 그리스도인은 온유하기 때문에 사랑으로 인내한다. 뿐만 아니라 불친절, 적대감, 악을 끈질기게 참는다. 나아가 선으로 갚는다.

그리스도 닮은 그리스도인은 온유로 악을 갚는다. 그는 자신을 악용하는 사람들을 선으로 대한다.

그 입술에 "인애의 법"잠 31:26이 있을 뿐 아니라 그 법이 마음까지도 주장한다. 왜냐하면 만왕의 왕의 법이 거기 있기 때문이다.

> "너희가 만일 경에 기록한 대로 네 이웃 사랑하기를 네 몸과 같이 하라 하신 최고한 법을 지키면 잘하는 것이거니와" 약 2:8.

사랑은 온유해질 수 있는 기회를 붙잡는 것뿐만 아니라 그 기회를 찾는 것이다. 우리는 "말과 혀로만 사랑하지 말고 오직 행함과 진실함으로" 요일 3:18 해야 한다.

하나님의 온유하심의 탁월함

하나님의 온유하심을 묵상한 적이 있는가? 성령을 통하여 계시하신, 하나님의 온유하심의 탁월함을 깨달은 적이 있는가?

그리스도 닮기를 원한다면, 하나님의 온유가 우리 삶의 가장 중요한 요소가 되어야 할 것이다.

성경은 하나님의 크신 온유, 자비로우신 온유, 놀라우신 온유, 영원하신 온유에 대해 말하고 있다. 분명 하나님은 놀랍도록 온유하신 분이다. 하나님을 기쁘시게 하는 자는 온유한 그리스도인이다.

온유한 그리스도인을 하나님은 영광의 자리에 앉혀 주시고 기꺼이 아들로 인정해 주신다.

"오직 너희는 원수를 사랑하고 선대하며 아무것도 바라지 말고 빌리라 그리하면 너희 상이 클 것이요 또 지극히 높으신 이의 아들이 되리니 그는 은혜를 모르는 자와 악한 자에게도 인자로우시니라" 눅 6:35.

"내 멍에는 쉽고" 마 11:30.

여기서 "쉽고"라는 말은 "온유하고"로 번역할 수도 있다. 우리 주님의 지상에서의 삶은 온유 그 자체였다. 즉 그분은 사람들을 행복하게 하는 데 많은 시간을 할애하셨다.

당신도 그렇게 하고 있는가?

사도 바울은 '우리의 구주이신 하나님의 사랑과 온유하심을 통해 주어지는 능력'에 대해 강력히 말했다. 사도 바울은 우리가 전에는 어리석은 자요, 악한 자요, 시기하던 자요, 피차 미워하던 자였지만 "우리 구주 하나님의 자비와 사람 사랑하심을 나타내실 때에" 딛 3:4 거기서 벗어나게 된다고 밝히고 있다.

새 생명을 얻게 하신 은총의 풍성함

심지어 우리의 죄로 인해 죽었을 때에도 우리를 사랑하신 하나님의 그 크신 사랑 덕분에 우리는 불러 냄, 즉 새 생명을 얻는 은총을 입었다. 하나님은 이를 통해 우리를 그리스도와 함께 일으키셨고 그리스도 안에서 하늘나라에서 함께 앉을 수 있게 하셨다.

이렇게 하신 목적이 무엇인가? 그것은 "이는 그리스도 예수 안에서 우리에게 자비하심으로써 그 은혜의 지극히 풍성함을 오는 여러 세대에 나타내려"엡 2:7 하시기 위해서이다. 하나님의 놀랍고 영원하신 온유를 남김없이 이야기하기에는 영원이라는 시간도 부족하다.

주님은 얼마나 온유하셨던가! 그리고 지금도 얼마나 온유하신가! 모든 사람들, 배반자에게까지 얼마나 온유하셨던가! 은혜로우신 주님은 가룟 유다가 자신을 배반하리라는 것을 애초부터 알고 계셨다.

그러나 그분은 거칠고 경멸하는 태도로 가룟 유다를 대하지 않으셨다. 심지어 꾸짖지도 않으셨다. 대신 주님은 그를 친구로 여기시고 함께 생활할 수 있는 귀하고 위대한 특권을 허락해 주셨다. 주님은 자신이 지상에서 소유하셨던 자그마한 재물을 관리하는 회계직을 그에게 부여해 주셨던 것이다. 그리고 더 놀랍게도 최후의 만찬에서는 은혜의 빵 조각을 그에게 건네 주셨다. 가룟 유다가 배반의 입맞춤을 하고 난 후에도, 주님은 가룟 유다를 '친구'라고 부르셨다.

주님은 날카로운 질문을 던지심으로써 유다가 너무 늦기 전에 자신의 죄를 깨닫도록 설득하셨다. 사랑은 등을 돌린 사람, 심지어 '도저히 가망 없는 악인'까지 구하려 하는 것이다.

배반자가 입맞추었을 때 주님의 볼에는 분노의 표시도 나타나지 않았다. 주님은 그 같은 죄에 몸을 움츠리지도 않으셨다. 오직 거룩한 사랑을 보여주실 뿐이었다. 그리고 시몬 베드로를 쳐다보셨을 뿐이다. 그러므로 우리가 진실로 알고 연구해야 할 것은 이러하다.

주님의 크신 사랑의 행위와
다른 사람을 위한 그렇듯 겸손하신 봉사와
우리를 위해 완전한 계획을 마련해 주셨다는 것과
하나님이 모든 사람을 지켜보고 계시다는 것.

긍휼의 보관

하나님의 온유하심은 너무나 크고 풍성하여서 그것을 표현하자면 어떤 새로운 말이 필요하다. 성경에는 종종 하나님의 온유가 "인자"로 묘사되고 있다. "여호와여 주의 긍휼을 내게 그치지 마시고 주의 인자와 진리로 나를 항상 보호하소서"시 40:11라고 시편 기자는 노래했다.

하나님은 단순히 우리를 용서하시고, 깨끗하게 하시고, 고치시고, 구원하신 것에 만족하지 않으신다. 더 나아가 우리를 왕으로 삼으사 금이나 은 같은 썩어질 것이 아닌, 더 보배로운 관으로 씌우기를 원하신다.

그분은 우리에게 온유로 관을 씌우실 뿐만 아니라 인자로도 관을 씌우신다. 셀 수 없는 자비로 관을 씌우실 뿐만 아니라 긍휼로도 관을 씌우신다시 103:1-4. 그리고 우리가 그분을 생명의 주로 인정하고 관을 씌워 드릴 때, 그분은 인자와 긍휼로 관을 씌워 주실 뿐만 아니라 우리의 마음에 자비가 흘러 넘치게 되어 우리가 지극히 높으신 자의 아들이라는 복된 사실이 입증된다.

'온유한 심령은 화관보다 낫다.' 하나님의 인자하심은 우리를 끌어 당겨 그리스도께 묶어 주는 강한 자석과도 같다. 우리가 하나님의 인자하심을 닮을 때 우리도 다른 사람들을 그리스도께로 끌어 당길 수 있다.

고통의 세계에 필요한 것

우리는 "우리의 죽을 육체를 통해 예수 그리스도를 나타내야" 한다고 후 4:10 참조. 이를 실행할 수 있는 가장 좋은 방법은 온유해지는 것이다. 왜 우리가 서로 간에 더욱 온유해지지 못하는가? 온유는 우리 마음에 희락이 넘치게 하며, 다른 사람의 삶에 행복을 가져다주며, 구주의 마음을 기쁘게 해드리며, 또한 사람들을 주님께로 이끈다. 뿐만 아니라 온유는 우리의 심령을 기쁘고 온화하게 만든다. 모든 사람은 온유해질 수 있다. 세상은 이러한 온유에 허기져 있다.

> 그토록 많은 신들, 그토록 많은 신조들,
> 그렇게 많은 구부러지고 또 구부러진 길들,
> 그러나 온유해지는 것,
> 이것이 이 고통의 세계에 필요한 것이네.

"우리가 하늘의 아버지께 해드릴 수 있는 가장 큰 일은 그분의 자녀들을 온유하게 대하는 것이다."라고 어떤 작가는 말했다.

그러므로 우리는 "기회 있는 대로 모든 이에게 착한 일을 하되 더욱 믿음의 가정들에게" 갈 6:10 해야 한다. 다시 물어 보자.

하늘에서 쏟아지는 축복의 통로

왜 서로 간에 더욱 온유하지 못하는가? 그 이유는 두 가지이다.

첫째는 우리가 온유함에 대해 생각하지 않기 때문이고 그 다음은 우리가 온유함을 모르기 때문이다. 왜냐하면 온전한 그리스도인이라면 고의적으로 온유하지 않으려고 하지는 않기 때문이다.

점점 더 많은 그리스도인 사역자들이 하나님을 위해 큰일을 하려고 열망한다. 그들은 큰일을 찾으며, 비밀한 것을 알려고 한다.

그들은 하나님이 위대한 일을 행해 주실 것을 간절히 간구한다. 그러나 가장 위대한 것은 그들 가까이 있다. 그것은 사랑은 온유하다는 것이다.

"애야, 너는 총명한 사람이 될 수는 없을 거야. 그러나 항상 온유한 사람이 될 수는 있단다."라고 경건한 어머니가 아들에게 말했다. 그래서 아들은 온유해지기로 결심했으며 그 결과 하나님은 그를 영국에서 가장 유명한 전도자로 만들어 주셨다.

남미에 개척 전도를 나간 아들이 어머니에게 이런 편지를 써 보냈다. "어머니, 저는 이번 전도 여행 중 전혀 설교를 하지 못했습니다. 이곳 원주민들은 우리가 전하는 어떤 말도 알아듣지 못했습니다. 그들이 알아듣는 유일한 말은 온유뿐이었습니다."

하나님께 감사하라. 사랑은 온유라는 사실을 모든 사람이 이해할 수 있도록 하심을…….

한번 생각해 보자. 우리나라의 모든 그리스도인이 만나는 모든 사람에게 단 한 달만이라도 목소리나 말, 표정, 생각이나 행동에 있어서 온유해진다면 아마 하늘의 창으로부터 축복이 쏟아져 내려와 그것을 다 받아

둘 장소가 없을 것이다! 당신이 온유해진다면 상처 난 세상에서 축복의 통로가 될 수 있을 것이다.

향기로운 말

그러나 온유란 무엇인가? 당신은 항상 사람들에 대해서 온유하게 이야기하는가? 온유하지 않은 말은 결코 사라지지 않는다. 그리스도인답지 못한 그리스도인들이 그들의 친구에 대해 이야기할 때 그리스도인답지 않게 말하는 것을 생각해 보라! 그것은 정말 서글픈 일이다.

파스칼Blaise Pascal은 이렇게 말했다. "우리의 모든 친구들이 우리가 그의 등 뒤에서 무엇을 이야기하고 있는지 안다면, 우리는 아마 이 세상에서 네 명의 친구도 갖기 힘들 것이다."

다른 사람에 대해 이야기하는 방식이 이와 같은가? 그렇다면 이런 일이 우리에게 다시 일어나지 않도록 하자. 어떤 사람이 이렇게 말했다. "당신 스스로 '이 얘기가 진실인가?', '이 얘기를 할 필요가 있을까?', '이 얘기는 온유한가?'라고 자문해 보기 전에는 그것을 반복하여 말하지 말라."

사회 생활을 하는 한 여성이 우리의 이 같은 죄를 통렬히 밝혀 주는 말을 했다. 그녀와 나는 사람들이 서로 온유하지 않게 이야기하는 것에 대해 대화를 나누고 있었다. 그녀가 이렇게 말했다. "그렇습니다. 사람들은 자기에 대해 무엇을 험담할까 겁이 나서 방을 나서기를 주저합니다. 그래서 가장 늦게 나가려 합니다."

"혀는 능히 길들일 사람이 없나니 쉬지 아니하는 악이요 죽이는 독이 가득한 것이라" 약 3:8.

혀에 대한 통제를 주 예수께 맡기자. 그래서 우리의 입술에서 온유치 못한 말이 다시는 나오지 않게 하자.

모세에게 말씀하신 하나님이 우리에게도 동일하게 말씀하신다.

"여호와께서 그에게 이르시되 누가 사람의 입을 지었느뇨 누가 벙어리나 귀머거리나 눈 밝은 자나 소경이 되게 하였느뇨 나 여호와가 아니뇨" 출 4:11.

다른 사람을 판단하거나 그들의 행위에 대해 혹독한 비판을 하는 것은 온유치 못한 일이며, 따라서 그리스도인답지 못한 행동이다.

무례하지 않은 사랑

그리스도 닮은 삶을 살고 싶다면 삶에서 온유치 못한 비판을 제거해야 한다. 우리가 진정 이웃을 사랑한다면 그들의 관심사와 감정, 평판들을 마치 자신의 일인 것처럼 조심스럽게 다룰 것이다.

그러나 어떤 사람은 친구들을 비방함으로 쾌감을 느끼기도 한다. 심지어 그들은 다른 사람을 조롱하는 데에 자부심을 느낀다.

우리 가운데 어느 누가 이 같은 행위에서 항상 자유로울 수 있는가? 이 같은 행위가 온유한 것인가? 어렸을 때는 그런 사람을 좋은 친구로 생각했을지 모른다. 종종 나의 사랑하는 아버지가 들려주시던 말씀이 귓전에

울려 퍼진다. "애야, 다른 사람을 놀리는 친구들과 사귈 때는 조심하거라. 그들은 분명 네가 등을 돌리는 바로 그 순간 너를 조롱할 것이다."

어떤 사람은 종종 당신에 대해 어떻게 생각하고 있는지 당신 면전에서 불쑥 이야기함으로써 온유하지 못할 뿐 아니라 무례하기까지 한 모습을 보이는 경우가 있다. 그들은 마음속의 이야기를 주저 않고 말하는 자신이 솔직한 사람이라고 교만을 떨기까지 한다.

그러나 그들의 의도는 우리를 위한 것이 아니다! 솔직하다고 해서 무례해도 괜찮다는 것은 아니지 않은가! 친구들에게 상처 주는 일을 피하라. 어떤 사람이 우리의 '솔직한 견해'를 요구한다 할지라도 속으로 생각하는 모든 것을 말할 필요는 없다.

타인의 어떤 행동에 대해 찬성하지 못할 때, 그 행동에 대해 판단하거나 비난하기보다는 '다른 행동을 하는 것이 더 현명하고 낫지 않을까?'라고 말해 주는 것이 온유한 자의 모습이다. 비방하거나 상처 주지 않고도 항상 사랑 안에서 진실을 말할 수 있다.

화평케 하는 자

그러나 사랑은 단지 타인을 실족하게 하는 일을 중지하는 것에 만족하지 않는다. 사랑에는 적극적인 온유의 뜻이 내포되어 있다. 우리 모두에게 온유함이 얼마나 많이 요구되는가? 대수롭지도 않은 '냉 수 한 잔'이 목마른 영혼을 되살아나게 하지 않는가!

아마 이렇듯 거리낌 없이 온유하지 못한 태도를 드러내는 위험은 다른 어떤 곳에서보다 가정에서 가장 크다. 가정에서는 얼마나 온유하지 못한 말들이 나오고 있는가! 어떤 그리스도인은 한 어머니의 무릎 아래서 기도했던 형제임에도 불구하고 마치 견원지간처럼 굴지 않는가! 자기의 가장 친한 친구인 형제에게까지도 온유하지 못하면서 어떻게 원수를 사랑할 수 있겠는가?

형제를 미워하면서 하나님을 사랑할 수 있는가? 여기에 대해 그렇다고 말하는 사람은 거짓말하는 자라고 사도 요한은 가르쳤다 요일 4:20. 사랑은 모든 자에게 온유하다. 거기에는 예외가 있을 수 없다. 길거리나 기차, 지하철에서 어떤 사람이 무례하게 나를 빤히 쳐다보아도, 그를 쏘아보는 눈빛으로 응수하지 않는 것이 사랑이다. 사랑은 하나님의 거룩하심과 예수 그리스도를 생각하면서 그런 눈길에 개의치 않고 오히려 온유한 표정으로 응수하기를 간구하는 것이다.

물론 온유는 어떤 사람의 등 뒤에서 그를 흉보지 않는 것 그 이상이다. 온유는 작지만 친절하고 사려 깊은 행위 속에서 쏟아져 나오는 사랑이다. 온유는 이웃집에 방해가 되면 즉각 오디오를 끄는 것이다. 온유는 아래, 위층에 사는 사람들의 밤잠을 설치게 만드는 시끌벅적한 음악을 틀지 않는 것이며, 그러한 파티를 자제하는 것이다.

온유는 대화를 나눌 때 자기 자신의 의견이나 행위, 계획만을 장황하게 늘어놓는 것이 아니다. 도리어 온유는 말할 것이 있는 사람, 불안감을 느끼는 사람을 자애롭게 끌어 내어 대화하게 만드는 것이다.

온유는 마땅히 칭찬받아야 할 사람에 대해 칭찬을 하는 것이다. 그리고 온유는 칭찬, 찬사, 격려, 혹은 동정의 말을 할 때도 조심하는 것이다.

온유한 사람은 권고할 일과 칭찬할 일을 분별하기 위해 애쓴다. 온유한 사람은 상대의 장점을 찾아 내서 솔직하게 칭찬한다. 또한 모든 사람에게 친절하게 대하되 불행한 자들에게 더 친절하다. 온유는 온유를 전혀 기대하지도 못하는 가난한 자들과, 온유를 가장 필요로 하는 부자에게 주어져야 한다는 말이 있다.

온유는 다른 사람의 권리를 기꺼이 고려하며 그들의 소원과 소망이 실현되기를 기대함으로써 스스로를 드러낸다.

주님은 "화평케 하는 자는 복이 있나니"라고 말씀하셨다. 대적자에 대해서도 최고로 친절하며, 자기와 다른 것이 있어도 열을 내지 않으며, 증오의 불길 위에 기름을 붓지 않는 인자함이야말로 화평케 하는 일에 있어서 가장 필수이다.

하나님의 법에 충실한 온유함

그러나 온유는 죄악과 친밀해지기까지 타락하지는 않는다. 어떤 사람은 인간적인 사랑에 도취된 나머지 하나님의 사랑을 망각하기까지 한다. 이 같은 죄만큼 사랑을 변질시키는 것도 없다.

인간의 법과 하나님의 법을 모두 초월하는 권리를 요구하는 것은 진정한 사랑이 아니다. 그러한 사랑은 온유하지 않다. 그러므로 그것은 사랑이 아니다.

우리는 온유가 무엇인지 알아야 한다. 그리고 우리가 온유하지 못하다면 그리스도를 닮을 수 없다는 사실도 알아야 한다. 온유의 표정은 미소이다. 온유는 인생을 낙관적으로 보며, 모든 사람과 모든 것에 최선을 다하려 하는 기분 좋은 바람이다.

우리는 온유를 갈망해야 한다. 온유는 우리가 다른 사람에게 보여줄 수 있는 가장 쉬운 것이며, 동시에 건네 줄 수 있는 가장 위대한 것이기도 하다.

그리스도 닮기를 원하는가? 친구들뿐만 아니라 만나는 모든 자에게 온유하라. 심지어 원수처럼 느껴지는 자들에게도 온유하라. 우리 모두가 주 예수 그리스도의 은혜로 말미암아 온유해지기를 소원한다.

온유의 감미로운 영향력

온유는 우리를 고무시키는 능력 가운데 가장 위대하다고 나는 믿는다. 우리 자신의 삶과 다른 사람들의 삶에 미치는 온유의 감미로운 영향력은 가히 측량할 수 없을 정도이다. 온유는 그리스도 닮는 삶에 있어서 강력한 요소이기 때문에 이에 대해 좀더 논의하려고 한다.

온유해지려는 결단을 내리면, 그는 자신의 삶이 변혁되는 것을 즉시 깨달을 수 있을 것이다. 우리는 왜 그렇게 되려고 노력하지 않는가? 온유로 인해 가장 큰 이득을 보는 자는 바로 온유한 사람 자신이다. 행복에 이르는 가장 빠른 길은 다른 사람을 행복하게 하는 것이다. 온유는 결코 보상을 바라지 않는다. 어떤 사람은 이와 관련하여 "사랑 그 자체가 바로 보상이다."라고 말하지 않았던가?

주님은 구약의 모든 가르침을 "온유하라"는 단 한 마디로 요약하셨다. 이것이 바로 마태복음 7:12에 나타난 주님의 명령의 의미가 아닌가? "무엇이든지 남에게 대접을 받고자 하는 대로 너희도 남을 대접하라 이것이 율법이요 선지자니라." 분명한 한 가지 사실은, 진실로 온유해지지 않으면 진실로 거룩해질 수도 없다는 것이다.

주님은 얼마나 간명하게 그리스도 닮는 삶에 대해 말씀하셨던가!

"오직 너희는 원수를 사랑하고 선대하며 아무것도 바라지 말고 빌리라 그리하면 너희 상이 클 것이요 또 지극히 높으신 이의 아들이 되리니 그는 은혜를 모르는 자와 악한 자에게도 인자로우시니라" 눅 6:35.

복 되신 주님은 상급에 대한 언급을 회피하지 않으셨다. 그렇다면 우리도 회피할 이유가 없다. 나는 그 어떤 것도 온유를 실천하는 것보다 더 크고 확실하며 분명한 상급을 보장해 주지는 못한다는 사실을 상기시키고자 한다.

온유에 대한 상급

온유해짐으로써 무엇을 받으려고 하는 것은 이기적인 동기에서 비롯된 자세이다.

온유한 자에게 주님은 어떤 상급을 약속하셨는가? 주님은 온유한 자는 하나님의 참된 자녀가 된다고 말씀하신다. 온유가 우리를 하나님의 자녀로 만들어 주지는 못한다. 그러나 온유는 하나님의 자녀로서 마땅히 살아야 할 삶을 살고 있다는 증거가 된다.

고린도전서 13장에서 다른 사람에게 행할 수 있는 사랑의 능력 중 가장 활력적이고 적극적인 것이 바로 온유임을 보지 않았던가? 적극적인 사랑의 능력 중에 "진리와 함께 기뻐하는 것"도 있지만, 그것은 단지 간접적으로 다른 사람들에게 영향을 미칠 뿐이다.

그러므로 우리는 그리스도가 우리 안에 거하시는 가장 큰 증거가 곧 온유임을 알아야 한다. 사랑은 항상 온유함 속에서 드러난다. 온유는 우리가 만나는 모든 사람에게 그리스도를 나타낼 수 있는 기회를 준다. 누가복음 6:35에서 주님이 말씀하신 "상"이란 다름이 아니라 우리가 하나님의 아들이신 예수 그리스도를 닮는 것이다.

"우리가 행해야 할 하나님의 뜻이 무엇인지 알려고 하는 것 외에는 다만 열심히 충성할 뿐 아무것도 보상으로 구하지 않아야 한다."는 잘 알려진 기도가 있다. 그러나 나는 그리스도가 약속하신 보상, 즉 그리스도 닮기를 간구해야 함을 분명히 말하고 싶다. 온유하면 온유할수록 우리는 더욱 예수 그리스도 닮은 자가 될 수 있다.

전쟁 기간 중 한 병사가, 온유 그 자체였던 한 위문 공연 담당관에 대해 "나는 예수님이 군대에 입대하신 줄 알았다."고 말했다.

온유한 행동은 주 예수의 마음에 너무도 흡족하기 때문에 주님은 주님의 자녀에게 온유를 베푸는 모든 이들에게 보상해 주신다.

> "누구든지 너희를 그리스도에게 속한 자라 하여 물 한 그릇을 주면 내가 진실로 너희에게 이르노니 저가 결단코 상을 잃지 않으리라" 막 9:41.

세상을 덮는 온유함의 능력

작고 평범한 온유의 행동이 우리의 삶에 있어서는 가장 위대하다. 다른 어떤 것보다도 온유에 의해 성취될 수 있는 것이 많다. 우리가 온유에 대해 조금만 더 관심을 기울인다면 말이다. 조금만 더 신경 써서 온유를 실천한다면 말이다!

모든 기독교 사역자들은 그리스도를 위한 사역에 있어서의 실패나 능력 부족을 한탄한다. 그들은 풍성한 결실을 가져다줄 '축복'에 대한 희망을 가지고 집회에 참석하거나 기도원에 모이기도 한다. 그러나 항상 성공의 비결이란 손 안에 있다.

무엇보다도 우리는 먼저 온유해져야 한다.

왜 큰일만 생각하면서 나태하게 기다리는가?
당신이 깔보는 자가 한 발 앞서 가고 있는데…….
당신의 눈에 하찮아 보이는 것을 먼저 실행하라.
그리하면 하나님의 가르침을 정녕 읽을 수 있으리라.

온유에 대한 사람들의 반응이 얼마나 빠른지 알면 여러분은 놀랄 것이다. 스코틀랜드의 불경건하고 선동적인 한 공산주의자가 최근 감옥에 수감되었다. 아내와 자식들이 굶주리지는 않을까 해서 그는 매우 비탄에 잠겼다. 그러나 한 여성 노동자가 그의 가족을 발견하고는 친구들과 합심하여 그 가족에게 필요한 모든 것을 공급해 주었다. 이 같은 일은 그 공산주의자가 출옥할 때까지 계속되었다.

그들의 이 같은 온유한 행동이 그를 그리스도께 인도했다. 그리고 오늘날 그는 가장 열심 있고 헌신적인 기독교 사역자가 되었다. 온유는 논쟁과 적대, 감금이 할 수 없는 일을 해낸다.

모든 그리스도인이 그리스도를 닮아 갈 때, 즉 온유해질 때 얼마나 많은 수확을 거두겠는가!

톨스토이 Lev N. Tolstoi가 하루는 모스크바에 있는 어마어마한 수용소를 방문했다. 수용소 복도를 따라 걸으면서 그는 자신의 말을 수용자들이 귀담아 듣는 것을 모르고, 무심코 그들에 대한 동정과 연민의 말을 했다. 즉시 그의 뒤로 수용자들이 일어서서 열띤 호기심을 가지고 그를 쳐다보았다.

비로소 톨스토이는 그들이 마치 무덤에서 일어난 자와 같으며, 지금까지 살아 역사하는 온유의 말만 기다려 왔음을 깨달았다.

선에 대한 격려

우리 모두는 온유에 굶주린 사람들에 둘러싸여 있다. 다른 사람에게 빛을 가져다주는 사람은 자신도 그 빛 가운데 거할 수밖에 없다.

허버트 George Herbert는 "다른 사람의 선을 즐거워하고 그것을 격려하는 것보다 더 거룩한 것은 없다."고 말했다. 그의 말은 옳다. 왜냐하면 그것은 온유에 대한 말이기 때문이다. 무자비한 형의 마음이 돌아온 탕자의 행복을 짓밟아 버리는 것이다.

다소의 사울이 온유에 압도당했다고 생각하지 않는가? 핍박자 사울은 위협의 말을 입술에 잔뜩 담고, 마음에는 살의를 가지고 다메섹으로 향했다.

의심할 여지없이 그는 그리스도와 그분을 따르는 자들에 관한 정보를 수집하기 위해 주님이 온유하신 일을 많이 행하셨던 유대 각 지역을 돌아다녔을 것이다.

의심이라곤 없는 농부들, 평범한 목자들, 이들은 '주님의 온유'로 충만해 있었다. 어린아이들은 그들의 머리 위에 선포된 주의 축복을 연신 찬양한다. 어머니들은 온유하게 행동하고, 친절하게 말하며 삶을 변화시킨다. 그래서 집안을 환하게 밝힌다. 집안 식구들의 얼굴은 주의 이름을 부를 때마다 밝게 빛난다.

사울은 신실한 사람이었다. 그래서 그는 이같이 자비로운 나사렛 예수와 자신의 악의와 증오를 비교해 보지 않을 수 없었다. 사울은 자신이 성육신하신 사랑을 핍박하고 있음을 발견한다. 또한 그는 주님의 음성을 듣는다. 그 음성은 정죄의 말이 아니었고, 분노와 꾸짖음도 아니었으며, 단지 왜 이 모든 핍박을 감행하려 하는가 또한 왜 증오의 포로가 되어 있는가 하는 것이었다.

리빙스턴 David Livingstone은 사람들이 평가하는 것 이상으로 복음을 위해 아프리카의 문을 연 인물이다. 그는 선한 일을 하기 위해 아프리카에 갔다. 그와 함께 아프리카를 횡단했던 사람에 따르면, 지나가는 길에 한 번이라도 리빙스턴을 만났던 사람이면 '온유한 박사님'에 관해 이야기하면서 얼굴에 환한 미소를 지었다고 한다.

그리스도를 위해서 드러먼드 Henry Drummond가 그렇게 능력 있는 영향력을 미칠 수 있었던 이유가 무엇인가? 그것은 그가 시종일관 온유했기 때문이다.

"그는 변함없이 선한 마음을 가지고 있었으며, 변함없이 여유를 가지고 있었다. 그래서 그는 어떤 사람과도 교제를 나눌 수 있는 준비가 되어 있었다. 누구에게도 불친절한 말을 쓰지 않았으며, 보복하지 않았고, 악을 품지 않았으며, 자신을 대적하는 사람들의 성품과 능력도 정당하게 인정해 줄 수 있는 사람이었다. 그는 항상 온화하고 사려 깊었다. 그와 말다툼을 하는 것은 불가능했다. 아무도 그의 눈빛 앞에서 표리부동하거나, 야비해지거나 불결해질 수 없었다."

실제적인 온유

우리들 앞에 얼마나 이상적인 삶이 제시되어 있는가! 그러므로 이제 온유를 실천해 보자. 온유해지는 것은 너무나도 쉬운 일이다.

우리는 온유한가? 기독교가 다른 사람들에게 가까이하기 어려운 것으로 비치는가? 우리의 의로움은 단지 자기 의를 과시하는 것인가?

탕자의 형은 자기 동생의 절반만큼이라도 연민의 정을 가지고 있었는가? 탕자의 비유는 우리를 탕자의 생활로 초청하는 데 목적이 있지 않다. 그것은 바리새인들과 서기관들에게 들려주시는 말씀이었다. 그들은 자기 자신을 의로운 자라고 자처했으며 그리하여 다른 사람들을 멸시했다. 형은 결국 온유하지 못했던 것이다. 이것이 그의 전부이다. 그는 자신의 온유하지 못함으로 인해 자기 동생이 탕자 시절에 집을 떠나 방황했던 것보다 더 멀리 방황하는 곳으로 던져졌던 것이다!

드러먼드 교수는 이렇게 말했다. "탕자의 비유에서 모든 은혜를 저버린 자, 그리고 자신과 가정을 수치로 뒤덮은 자는 탕자가 아니라 형이었음을 기억하라."

우리를 온유하게 하지 않는 종교는 우리 주님의 종교가 아니다. 미국의 한 근사한 교회로 부임한 감리교 목사가 어느 분반 회합에 참석하여 교인들의 경험담을 듣고 있었다. 한 여성이 자신이 믿고 있는 종교의 소중함에 대해, 그리고 거기서 발견하는 위안과 행복에 대해 이야기했다.

"그것 참 기쁜 일이군요."라고 목사가 말했다. "그런데 실천적인 측면은 어떠합니까? 당신의 종교는 당신이 집안에서도 온유하게 만들어 줍니까? 가족과 친척을 대하는 데 있어서도 당신을 기쁘고 상냥하며 인자하게 해줍니까?"

이 말을 할 때 목사는 누가 자기의 옷을 잡아당기는 것을 느꼈다. "목사님! 계속하십시오. 그 질문을 강조해서 말씀해 주십시오. 이 사람이 바로 제 아내입니다!"라고 한 남자가 속삭였다.

날마다 온유함으로

우리는 상급에 대해 이야기했다. 다소의 사울이 그리스도인들을 핍박했을 때 그는 그리스도를 핍박한 것이다.

가장 작은 자에게 보여주는 우리의 모든 온유함은 그리스도에게 보여주는 것과 동일하다마 25:40. 우리는 작은 일부터 충성하는 그리스도인이 되어야 한다.

미국에서 크리스마스를 보낸 한 동양인이 그 감회를 이렇게 적었다.

"크리스마스가 되기 전 수주일 동안 사람들의 얼굴에 비상한 빛이 감도는 것처럼 보였습니다. 그들의 얼굴은 빛이 나고 밝았습니다. 모든 사람들은 더욱더 사려가 깊고 친절을 베푸려 했으며, 온유하고 예의 발랐습니다. 내성적인 사람도 이 때만은 관대하고 사교적이 되었습니다. 작고 하찮은 일에 종사하는 사람들도 새로운 감흥에 젖어 있는 것 같았습니다. 그래서 나는 미국인들에게 이렇게 제안하려 합니다. 즉 크리스마스 정신이 항상 이렇게 유지되어 기독교 국가인 미국 전역으로 확산될 수 있다면 얼마나 좋겠는가 하는 것입니다."

그것은 바로 주 예수님이 원하시는 바이다. 주님의 탄생을 상기하는 것만으로도 그처럼 사람들이 온유해진다면, 그분이 믿음으로 말미암아 우리 마음속에 내주하실 때 오직 사랑으로 충만한 온유함이 더욱 넘쳐날 것 아닌가?

맥라렌 Alexander Maclaren 박사는 학생들에게 이렇게 말하곤 했다.

"온유하세요! 여러분이 만나는 모든 사람은 나름대로 고투를 벌이며 살아가고 있습니다. 온유하세요!"

우리 역시 만나는 모든 사람에게 온유해야 할 것이다.

사람들이 서로
하나님의 온유하심을 드러낸다면,
형제들에게 청하는 도움이
결코 허공을 치지는 않을 것이다.

그리스도 닮은
위대한 그리스도인

제러마이어 버로스

제러마이어 버로스 Jeremiah Burroughs 1599-1646

버로스는 '세상의 성자들'이라 불리는 청교도 가운데 정중동(靜中動)의 행보로 영적 혁명의 소용돌이를 헤쳐 나간 인물 중 한 사람이다. '평화의 사람'이라고 불릴 만큼 온유의 미덕을 잘 실천하며 토머스 굿윈(Thomas Goodwin), 윌리엄 브리지(William Bridge) 등 당대의 고명한 청교도 목회자들로부터 존경과 찬사를 받았던 그는 그 당시의 여타 위대한 청교도들과 같이 죽는 순간까지 삶의 모든 영역에서 하나님의 주권을 발견하고 거룩함을 추구하고자 했다. 설교와 저작 활동을 통하여 교회사 속에서 굳건히 자리매김하고 있는 그의 영적 통찰력은 지금까지도 여러 주옥 같은 문헌들에 의해 전해지고 있다.

캠브리지 대학교 엠마누엘 칼리지에서 교육을 받았으나 영국 국교의 탄압을 피해 학업을 중단하면서 세인트에드먼즈 교회에서 에드먼드 캘러미(Edmund Calamy) 목사를 보좌했으며, 5년 여 동안 노퍽 지방에서 강의하기도 했다. 그러나 점차 박해가 심해지던 1636년경 주교 렌(Wren)이 쓴 악의에 찬 기사 때문에 강사직에서 쫓겨나 생계 수단까지 끊어지자 청교도 귀족인 워릭(Warwick) 백작의 호의에 의탁하여 네덜란드 로테르담의 영국인 교회로 옮겨 갔다.

그가 영국으로 돌아온 것은 1642년, 청교도 혁명으로 비국교도 박해 세력이 줄어들면서였다. 귀국 후 잉글랜드 최대의 회중 수를 자랑하던 런던 크리플게이트 교회와 스테프니 교회의 설교자로 선출되는 한편, 웨스트민스터 회의 회원으로 활동하기도 했다.

버로스가 설교했던 런던 크리플게이트 교회

'온화한 성직자'란 평을 듣던 그도 당시 교회 내에 정치적인 분열이 일어났을 때는 상당히 고심했던 흔적이 보인다. 어쨌든 그는 교리와 교회 정치에 대한 독자적인 신념을 갖고 있었으나 그 결의를 실천할 때에는 주 예수 그리스도의 성품을 닮고자 하는 평생의 소원에 따라 평화로운 해결을 위한 지혜를 발휘할 줄 아는 사람이었다. 교파 간에 이견이 속출했을 때 성공회를 표방하는 자들이 어셔(James Ussher) 대주교처럼 행동하고 모든 장로교인들이 스티븐 마셜(Stephen Marshall)처럼 움직이며 모든 독립교도들이 제러마이어 버로스처럼 처신한다면 교회 문제는 속히 치유되었을 거라는 말이 있을 정도였다.

그는 또한 명철하고 군더더기 없는 설교로 유명하였다. 스테프니 교회에서 오전 예배 설교자로 재직할 당시, 오후 예배 때 설교하던 윌리엄 그린힐(William Greenhill)이 '저녁별'로 불리던 것에 비견하여 '아침별'로 불리며 과장이나 허세 없이 명료한 설교를 하여 '설교자의 왕자'라는 위명을 떨치기도 했다.

동시에 탁월한 저술가이기도 했던 그는 47년의 길지 않은 삶 동안 영향력 있는 작품들을 다수 써냈다. 그 중에서도 가장 널리 알려져 있고 가장 인기 있는 『그리스도인의 만족이라는 귀한 보배』는 그가 눈감은 지 2년째 되던 해인 1648년에 출간되었다. 그리스도인의 진정한 만족, 세상에서 얻을 수 없는 참된 평안이 어디에 있는지 알았기에 그는 세상 가운데서 그토록 초연할 수 있었는지도 모른다.

웨스트민스터 회의

시기하며 사는 사람의 마음은 매우 불편하고 비참하다.
시기를 통해 얻을 수 있는 것은 아무것도 없다.
시기심은 스스로에게 상처를 입힌다.

9
Love Envieth Not

사랑은
시기하지 않는다

사랑은 시기하지 않는다

시기하며 사는 사람의 마음은 매우 불편하고 비참하다.
시기를 통해 얻을 수 있는 것은 아무것도 없다.
시기심은 스스로에게 상처를 입힌다.

다른 사람에게 좋은 일, 좋은 시간이 있기를 바라는 것은 너무도 자연스러운 일이다. 아울러 그러한 바람이 시기로 바뀌는 것도 너무나 쉬운 일이다.

사랑은 시기하지 않으며

사랑은 결코 시기하지 않는다. 사랑은 다른 사람의 행복을 시샘하는 대신 더욱 행복해지기를 바란다. 그러나 시기의 포로가 되어 보지 않은 사람이 누가 있겠는가? 시기로 얼룩진 삶의 흔적이 없는 사람이 과연 어디 있겠는가?

하나님은 우리를 도우사, 우리가 성령을 의지하여 다른 이들에 대한 시기심을 영원히 버리게 하실 수도 있다. 이와 관련하여 웨이머스는 "사랑이란 시기도 질투도 알지 못한다."고 말했다.

'시기'에 해당하는 말은 성경 원어상 나쁜 의미뿐 아니라 좋은 의미도 내포한다. 왜냐하면 고린도전서 12:31의 "더욱 큰 은사를 사모하라"에서 "사모하라"로 번역된 '시기'는 좋은 의미로 사용되었기 때문이다. 그런가 하면 고린도전서 13:4에서는 똑같은 헬라어가 "투기하는"으로 번역되었다.

우리가 "더욱 큰 은사"를 진지하게 사모한다면 다른 이들의 세상적인 유익을 시기하지는 않을 것이다.

우리는 모든 '시기와 증오와 적의'로부터 구해 달라고 기도드린다. 사랑의 반대 개념인 증오는 종종 시기로부터 자라나서 적의를 낳기 때문이다.

시기는 사랑을 몰아낸다. 따라서 우리가 그처럼 악한 생각을 항상 품고 있었다는 사실이 부끄러울 때까지 그것을 분명히 직시하자. 시기란 단순히 다른 사람들의 지위나 인기, 번영을 불평하는 것보다 더 나쁘다.

시기는 이러한 불평뿐 아니라 다른 사람이 잘되는 것 자체를 몹시 배아파하는 것도 의미한다. 그러므로 시기란 너무도 어리석고 무익하다.

비참한 마음

무엇보다도 시기는 삶에 먹구름이 끼게 하고 밝은 햇살을 가로막아 버린다. 시기하며 사는 사람의 마음은 매우 불편하고 비참하다. 시기에 사로잡힌 사람은 항상 원통해 하고 불안하며 불만으로 가득하여 다른 바람직한 일들마저 손을 대지 못한다.

시기를 통해 얻을 수 있는 것은 아무것도 없다. 시기심은 스스로에게 상처를 입힌다. 이에 대해서 하나님이 오래 전부터 우리에게 말씀해 주셨다.

"마음의 화평은 육신의 생명이나 시기는 뼈의 썩음이니라" 잠 14:30.

"시기와 다툼이 있는 곳에는 요란과 모든 악한 일이 있음이니라" 약 3:16.

이 말씀을 아는 사람은 모든 시기로부터 자유로워질 수 있을까? 그렇지 않다. 왜냐하면 이 말씀을 따라 말하기는 쉬워도 행하기는 어렵기 때문이다.

쓸모없는 비열함

시기는 전적으로 무익하다. 누군가의 성공을 질투한다고 치자. 그의 능력을 얕잡아 보고 그의 성공을 평가절하한다고 해서 나에게 무슨 이득이 돌아오는가? 다른 사람들은 그의 성공을 기뻐하고 축하한다. 그런데 유독 나만이 그러한 찬사를 거부해야 할 이유가 무엇인가?

그처럼 야비하게 행동한다고 해서 다른 사람들이 나를 더 낫게 생각하겠는가? 시기의 결과는 비참할 뿐이다. 당신이 어떤 사람에 대한 정당한 추천을 훼방한다면, 당신은 그의 성공을 기뻐하려는 사람들의 마음에 먹칠을 하게 되는 셈이다. 너무도 비열한 방법으로 당신 자신을 과시하려 하지만 결국 비참해질 뿐이다.

반대로 친구의 성공을 기뻐하고 그의 공적을 인정한다면 그는 자신의 성공의 비밀을 당신에게 알려 줄 것이다. 그리고 당신은 그와 더불어 기쁨을 나누게 된다. 당신은 다른 사람의 행복을 질시하는가? 당신이 그 행복을 훼손시킨다고 한들 당신에게 무슨 기쁨이 있겠는가? 그런 식으로 행하는 비열한 사람은 자기 자신을 경멸하는 것이나 다름없다.

다른 이들이 당신의 동료나 경쟁자를 칭찬할 때 당신이 악의적으로 그의 뛰어난 솜씨를 평가절하하거나 명성을 손상시킨다고 해서 당신에게 무슨 유익이 있는가?

한 가지는 너무도 확실하다. 그러한 행동은 당신 친구들이 당신을 더 이상 사랑하지 않게 만들 것이며, 당신을 좋게 여기지 않도록 만들 것이다. 그들은 당신에게 등을 돌리고 당신의 추한 오기에 대해 쑥덕거릴 것이다. 또한 그들은 당신의 시기심을 비웃으며 당신을 속이 좁은 사람이라고 경멸할 것이다.

그는 쇠하여야 하겠고

진지한 그리스도인들 중에도 다른 사람이 칭찬받는 것을 매우 듣기 싫어하는 사람들이 있다. 그들의 생각은 다른 이들의 성격에 있어 탐탁하지 못한 부분을 꼬집거나 남들의 성공을 얕잡아 보는 데 맞추어져 있다.

친구들 중에 칭찬받는 사람들의 약점을 들추는 일에 정평이 나 있는 이들이 너무도 많지 않은가? 우리 자신도 그들과 똑같지는 않은가? 다른 사람들에 대한 칭찬을 마치 자신에 대한 비난처럼 여기는, 시기심 많은 사람에게는 친구가 생기기 힘들다. 다른 사람의 성격이나 하는 일에 대한 결점을 지적하기 좋아하는 사람들을 참기란 정말 어렵다.

다른 사람에 대한 칭찬을 들을 때 속으로든 공개적으로든 안달하는 마음에 사로잡히거나, 경쟁자들을 얕잡아 보려는 마음에서 그들을 깎아 내리는 것은 정말 비참한 일이다.

어떤 사람은 시기하는 자에게 친구들이 즉시로 그 행동에 대한 멸시를 표하면 그의 악한 마음이 치유될 수 있을 거라고 생각한다. 하지만 사실은 그렇지 않다. 시기심은 기독교 공동체에서 수많은 해악을 초래한다.

시기는 의혹, 불신, 신랄함, 험담 등을 유발한다. 다른 어떤 것보다도 다른 사람들에 대한 시기 때문에 그리스도를 위한 사역에 지장을 초래하는 경우가 비일 비재하다. 많은 사람들이 다른 사람들이 더 많은 칭찬을 듣는다는 이유로 그리스도를 위한 사역을 중단해 버린다. 그런가 하면 또 어떤 사람들은 무능력한 동료들이 자신의 성공을 질시하고 어떻게 해서든 자신의 지위를 깎아 내리려 한다는 이유로 귀한 사역을 포기해 버린다.

모든 교회에는 시기와 질투를 불러일으키기 좋아하는 험담가들이 있기 마련이다. 심지어는 예수 그리스도께로 모든 사람이 몰려든다면서, 또한 나사렛 예수에게 더 많은 제자들이 생겼다면서 세례 요한에게 시기심을 불러일으키려고 하는 사람들도 있었다. 그러나 세례 요한은 그러한 말에 전혀 동요되지 않을 정도로 위대한 사람이었다. 더구나 그는 시기에 대한 처방을 알고 있었다. "그는 흥하여야 하겠고 나는 쇠하여야 하리라" 요 3:30고 오히려 지극히 겸손하게 말했던 것이다.

또한 여호수아는 엘닷과 메닷이 진 중에서 예언하는 것을 보고 모세에게 시기심을 불러일으키려고 했다. 모세는 "네가 나를 위하여 시기하느냐"고 물으면서, "여호와께서 그 신을 그 모든 백성에게 주사 다 선지자 되게 하시기를 원하노라"고 말했다 민 11:29.

그러나 시기의 비열함과 어리석음, 무익함을 알면서도 우리는 여전히 거기에서 벗어나기 어렵다.

과연 처방은 없는 것일까? 있다면 무엇일까? 시기의 유일한 치유책은 사랑이다. 진실로 다른 사람을 사랑하고 그들이 잘되기를 바란다면 그 사람들의 번영이 기쁘며 그들에게 주어지는 찬사가 즐거울 것이다. 이러한 사랑은 하나님의 선물이며, 하나님을 향한 우리의 사랑으로부터 자라난다.

하나님을 슬프게 하는 어리석음

시기심은 하나님의 마음을 아프게 한다. 하나님은 사랑이시며, 사랑은 모든 사람을 감싸안는다. 따라서 어떤 형태든지 시기심은 그리스도의 가르침에 반하며, 그리스도 닮는 성품에 치명적일 뿐 아니라 사랑이신 하나님을 무시하는 행위이다. 이 점에 대해 생각해 보았는가?

시기심은 하나님이 우리에게 마땅히 주셔야 할 것을 주시지 않았다고 여기는 무언의 반발이다. 즉 그분이 우리에게 주셔야 할 축복들을 다른 사람에게 주셨다는 불평이다.

이제 시기심이 얼마나 사악한지 살펴보자. 아마도 여러분은 스스로 행하는 바를 자신도 이해하지 못했을 것이다. 하나님은 "모든 사람에게 후히 주시고 꾸짖지 아니하시는" 약 1:5 분이다. 그리고 "하나님을 사랑하는 자 곧 그 뜻대로 부르심을 입은 자들에게는 모든 것이 합력하여 선을" 이룬다. 여기서 "선"이란 그리스도를 닮는 것을 의미한다.

다른 사람들에게 주어지는 칭찬과 찬사도, 그것이 우리로 하여금 예수 그리스도의 '흥함'과 우리의 '쇠함'을 바라게 만드는 것이라면 '선'이다. 왜냐하면 "이제는 내가 산 것이 아니요 오직 내 안에 그리스도께서 사신 것"이기 때문이다. 하나님은 '나'라고 하는 '자아'가 감추어지고 그리스도가 드러나길 원하신다.

모든 것을 예수님의 사랑 아래에 묻고

시기에 빠질 것 같으면 예수를 바라보자. 그분이 우리에게 주신 모든 것에 감사하자. 그러고 나서 시기하고 싶은 사람을 서둘러 찾아가 그의 기쁨을 함께 나누는 것이 얼마나 즐거운지 말함으로 시기의 싹을 잘라내자. 그것이 우리의 생각과 마음속에 시기심이 자리 잡는 것을 막는 가장 확실한 길이다.

그러면 단지 시기심을 억제하는 것으로 만족해야 할까? 그것은 소극적인 목표일 뿐이다. 그보다는 대적의 진영 깊숙이까지 전투를 감행하자. 우리를 사랑하시는 그분을 통해 강력한 정복자가 되자. 사도 바울이 말한 것처럼 "더욱 큰 은사를 사모하자"고전 12:31. 그것이 무엇인가?

고린도전서 13장은 모든 은사 중 가장 위대하고 좋은 은사인 사랑을 지니라고 말한다. 하나님의 사랑이 마음을 다스리며 지배하게 하자. 그러면 시기심이 마음속에 들어올 수 없을 뿐 아니라 다른 사람들이 칭찬 받기를 늘 바라게 된다.

또 누구보다도 먼저 다른 사람들의 좋은 점을 말하려고 하며, 그들을 축하하고 함께 기뻐하게 된다. 상냥한 칭찬의 말만큼 사람들의 삶을 유쾌하게 해주는 것도 없다. 또한 그렇게 하면 우리의 마음과 삶 역시 따뜻하고 즐거워질 것이 분명하다.

대부분의 사람들은 칭찬을 제대로 받지 못한다. 우리는 종종 칭찬받지 못하는 것을 당연하게 여기기도 한다.

어떤 도로 기술자가 자신이 한 일을 칭찬하는 사람에게 "당신은 이 분야에 문외한이지요?"라고 물었다. 그는 "예, 맞아요."라고 대답했다. 그러자 그 기술자는 이렇게 말했다. "그런 것 같았어요. 저는 도로 공사를 30년 동안 해왔는데, 방금 들은 칭찬 외에는 한 번도 칭찬을 들어 본 적이 없거든요."

이 이야기가 전해 주는 교훈을 무시하지 말자. "하나님, 저를 시기심에 빠지지 않게 해주셔서 감사합니다."라고만 말하지도 말자.

그보다는 더 적극적으로 바로 오늘부터 다른 사람을 칭찬할 일을 찾아보라. 그리고 그렇게 할 때 과연 당신의 삶이 더욱 부유해지고 행복해지지 않는지 보라.

사랑은 가정에서부터 시작한다는 옛말이 있다. 가정에서부터 자그마한 칭찬의 말을 건네 보라. 그리고 어떤 일이 일어나는지 보라.

그리스도 닮은 위대한 그리스도인

크리소스토무스

크리소스토무스(존 크리소스톰) Chrysostomus 347경-407

크리소스토무스는 암브로시우스(Ambrosius), 히에로니무스(Hieronimus) 등과 같은 시대를 살며 초기 교회를 이끈 위대한 교부 중 한 사람이다.

타의 추종을 불허하는 빼어난 설교로 대중적인 인기를 얻었으나 세상의 찬양이나 질시에 연연해 하지 않고 엄격하기 그지없는 금욕의 삶을 살았던 그는 그 청렴하고 웅변적인 삶의 방식과 사상으로 지금도 복음과 세상 정의를 위해 일생을 바친 자 특유의 향기를 날리고 있다.

크리소스토무스는 동로마 군대 고위 장군의 아들로 태어났지만 이내 부친을 잃고 20세도 채 안 된 젊은 어머니의 손에 자라야 했다. 그리스도인이었던 어머니 아래서 신앙 훈련을 받은 그는 한때 법률가로 입신할 꿈을 꾸기도 했으나, 곧 모든 것을 버리고 안디옥 남부 산악 지방으로 들어가 6년여 동안 철저한 절욕 생활을 하며 금식과 성경 연구, 명상과 기도로 훗날 위대한 교사가 되는 밑거름을 쌓았다.

그는 386년경 안디옥의 사제가 되었으며, 이후로 12년 동안 강단에서 청중의 심금을 울리는 설교를 하였다. '황금의 입'이라는 의미의 '크리소스토무스'라는 이름을 얻은 것도 이 때였다. 397년 콘스탄티노플 대주교로 선출되었으나 마다하고 멀리 도주까지 했다가 붙들려 와 내키지 않는 가운데 자리에 올랐다.

그는 가난하고 소외된 사람들의 비참한 삶을 자신의 것으로 받아들였으며, 성직자와 귀족들의 부패상을 개혁하는 동시에 기득권층의 도에 넘는 사치와 탐욕을 신랄하게 비

에우독시아 황후 앞에서 설교하는 크리소스토무스

판했다. 이런 그에게 많은 사람들이 뜨거운 지지와 신망을 보냈으나, 그의 강직함에 불만을 품은 이들은 그를 제거할 모의를 하기에 여념이 없었다. 특히 황실의 허례허식과 향락을 준엄하게 꾸짖는 그의 설교는 황비 에우독시아(Eudoxia)와 알렉산드리아 총대주교 테오필로스(Theophilus)의 분노를 사기에 충분했다.

결국 403년, 적대자들의 음모로 그는 대주교직을 박탈당하고 귀양길에 올랐다. 황비의 일시적인 변덕으로 잠시 귀환하기도 했으나 그의 올곧은 성정은 변치 않았고, 이듬해 부활 예식을 거행하는 도중에 황제의 명을 받은 군인들에게 끌려 나와 종신 유배를 떠나게 되었다. 그리고 407년 9월 14일, 그 유배길에서 고단한 두 눈을 감았다.

150cm의 작은 체구였지만 크리소스토무스는 결코 세상을 두려워하지 않았다. 세속적 부귀와 편의주의 앞에서 진정 자유로웠던 그가 경외하였던 존재는 오직 단 한 분, 하나님뿐이었다.

그러했기에 그는 어떠한 시기와 모함에도 초연할 수 있었고 억울하기 짝이 없는 온갖 억측과 오해에도 당당할 수 있었다. 그 모든 세상의 위협들도 그가 하나님께 자신의 삶의 부침(浮沈)을 모두 내어 맡기고 하나님의 선하신 의지에만 의지하는 것을 막지 못하였다.

도대체 우리가 무엇을 두려워한단 말입니까? 죽음입니까? 나에게는 그리스도가 생의 전부입니다. 나는 그분의 보증을 갖고 있습니다. 그것이야말로 나의 지팡이요 나의 보호자이며 나의 잔잔한 항구입니다. 그것은 바로 "내가 세상 끝날까지 너희와 항상 함께 있으리라."는 말씀입니다.

크리소스토무스(중앙)와 성도들

사랑은 과시하거나 치장하지 않는다.
사랑은 자신에게 없는 것을 있는 체하지 않을 뿐 아니라,
자신에게 있는 것조차 자랑하지 않는다.

10
Love Vaunteth Not Itself

사랑은 자랑하지 않는다

사랑은 자랑하지 않는다

사랑은 과시하거나 치장하지 않는다.
사랑은 자신에게 없는 것을 있는 체하지 않을 뿐 아니라,
자신에게 있는 것조차 자랑하지 않는다.

사도 바울은 "사랑은 자랑하지 아니하며 교만하지 아니하며"고전 13:4라는 한 마디 말을 통해 모든 자만의 유형을 요약해 놓았다. 이 말씀은 행위에 있어서의 자만과 태도에 있어서의 자만을 시사한다.

사랑은 자랑하지 아니하며

마음의 자만이 행위상의 자만보다 사람의 영혼에 더욱 파괴적인 영향을 미친다. 그 어떤 진실한 그리스도인도 자만에 빠질 수 있다는 사실은 참으로 놀라운 일이다.

우리가 지닌 모든 덕목과 우리가 얻은 모든 승리,
그리고 모든 거룩한 생각은 오직 그분께 속한 것!

하나님, 우리의 어리석고 불쌍한 자만을 용서해 주소서! 우리는 시기심을 떨쳐 버렸다고 스스로 우쭐해질 수 있다. 그러나 이것은 우리가 스스로에 대해 너무 만족하는 것이다.

그런 부류의 사람들은 "자기를 의롭다고 믿고 다른 사람을 멸시하는 자들"눅 18:9이다. 그들이 시기하지 않은 것은 교만했기 때문이다. 사도 바울은 영적 은사를 자랑하는 그리스도인들에게 회개를 요청하는 편지를 쓴 적이 있다. 매우 아이러니한 사실이다.

그리스도 닮은 삶에 있어서는 자만이 자리할 여지가 없다고 믿는가? 분명 그래야 한다. 이 세상에서는 자만이 공공연하게 판을 치고 있으나 그리스도인의 삶에 있어서는 그러한 여지를 남겨서는 안 된다.

사도 바울은 이렇게 말했다.

> "아무 일에든지 다툼이나 허영으로 하지 말고 오직 겸손한 마음으로 각각 자기보다 남을 낫게 여기고" 빌 2:3.

온유하고 겸손하게

자기 자신을 진지하게 시험해 보자. 나는 진정 그리스도 닮기를 원하는가? 우리 주님은 "나는 마음이 온유하고 겸손하니 나의 멍에를 메고 내게 배우라"고 말씀하셨다.

그렇다면 그리스도 닮기를 원하는 나 역시 "온유하고 겸손해야" 한다. 나 자신을 과시하거나 과대 선전해서도 안 되고, 주제 넘게 자랑하거나 우쭐해서도 안 된다.

스코필드C. I. Scofield 박사가 한 유복한 사람에게 "원함은 내게 있으나 선을 행하는 것은 없노라"롬 7:18와 같은 로마서 7장의 구절들을 해석해 주었다. 그러자 그가 물었다. "사도 바울은 무엇 때문에 그런 말을 했나요? 저는 선하게 사는 것이 어렵지 않은데요."

그러자 스코필드 박사가 되물었다. "당신은 선한 것이 무엇이라고 생각합니까?" 그 사람이 대답했다. "글쎄요. 다른 모든 사람들이 일반적으로 생각하는 대로라고 말할 수 있겠지요. 예컨대 예의 바르고 정직하게 살며 빚을 청산하는 것, 그리고 어려움에 처한 사람을 도와주는 것 등이 아닐까요?"

이 말을 들은 스코필드 박사가 물었다. "세상 사람들 중에도 그렇게 사는 사람은 많지 않습니까? 당신은 온유해지려고 노력해 보았나요?"

"온유라고요? 아니요, 전혀요. 온유란 것은 저에겐 필요 없어요." 박사가 물었다. "그래요? 하지만 주 예수님은 친히 온유하고 겸손하셨고 우리에게 그러한 교훈을 배우라고 명하셨어요."

그가 대답했다. "하지만 저는 그런 사람으로 지음 받지 않은 걸요."

많은 진지한 그리스도인들 역시 그런 사람으로 지음 받지 않은 모습을 하고 있다.

그러면 우리는 과연 어떻게 지음 받았는가?

우리가 그분 안에 세움을 입고골 2:7 "성령 안에서 하나님의 거하실 처소가 되기 위하여 함께 지어져 갈"엡 2:22 때 자만에 빠져도 괜찮겠는가? 결코 안 된다.

사랑은 과시하지 않는다

사랑은 과시하거나 뽐내지 않는다. 사랑은 잘난 체하거나 치장하지 않는다. 그리스도 닮은 사람은 과장하지 않고 자신에게 없는 것을 있는 체하지 않을 뿐 아니라, 자신에게 있는 것조차 자랑하지 않는다. 아이러니하게도 온유함은 자만이 탐내는 것을 저절로 손에 넣게 해준다. 왜냐하면 스스로를 낮추는 사람은 다른 사람들에 의해 높임 받기 때문이다.

한편 '적절한 자존심'도 있다. 자기 과시나 자랑을 피하기 위해서 아예 추할 정도로 자신의 외모나 의복에 대해 무관심해서는 안 된다. 한때 술고래였다가 회심한 한 저명한 복음 전도자는 항상 추하고 지저분한 모습으로 다니는 것으로 유명했다. 그 결과 그의 탁월함이 다소 바랜 것이 사실이다.

사랑은 자만하지 않는다

하나님은 자신의 아름다우심을 공공연하게 드러내신다. 그러므로 우리도 자만이라는 해악만 피할 수 있다면 그렇게 해야 한다.

자만이 특정 부류의 사람들에게만 나타난다고 생각하는 실수를 범하지 말자. 자신의 재산, 심지어는 자신의 무지를 자랑하는 사람도 있다.

냉소적인 철학자 디오게네스Diogenes가 정신적인 역량이나 예의 면에서 자신보다 훨씬 나은 플라톤Platon의 집을 방문했다. 플라톤이 온갖 편의시설로 둘러싸인 근사한 집에서 살고 있는 것을 보고, 디오게네스는 진흙 묻은 신발을 닦지도 않은 채 집으로 들어가 호화로워 보이는 카펫 위를 걸으며 퉁명스럽게 내뱉었다. "나는 플라톤의 자만을 짓밟은 것뿐

일세." 플라톤은 아무 말도 하지 않았다.

그러던 어느 날 플라톤은 디오게네스의 초대를 받았다. 플라톤은 검소한 생활을 자랑하는 디오게네스의 녹슨 가구와 마루에 깔린 낡아 빠진 카펫을 보고 다정한 미소를 지으며 "나는 이 카펫에 뚫린 구멍들을 통해 디오게네스의 자만을 본다네."라고 말했다.

내가 보기에는 자만심이 너무 강한 사람보다는 자존심이 너무 부족한 사람이 더 많은 것 같다. 아마 이것은 가난한 자들이 부자보다 더 많기 때문이 아닐까 생각한다.

자기 자랑이나 자만에서 자유로운 사람은 아무도 없다. 심지어 지식도 교만하게 할 수 있다. 그러나 사랑은 덕을 세운다 고전 8:1.

우리는 자신이 주인공이 되었던 사건들을 상기시킴으로써 다른 사람들이 자신의 이야기에만 몰입하고 있다고 생각하여 대화를 독점하고 스스로를 자랑할 수 있다.

혹은 자신을 아름답다고 생각하여 교만해질 수도 있다. 오늘날에는 진정한 아름다움은 내면에서 우러나오며 빼어난 아름다움은 겉모습이 아니라 거룩한 영혼에 있다는 사실을 강조하지 말아야 하는가?

꾸미려 드는 목소리와 가식적인 태도, 거만하고 거드름 피우는 분위기에 대해서는 굳이 언급할 필요도 없을 것이다. 그에 대해서는 동정의 미소로 책망하는 것으로도 충분하다.

또는 자신의 잘못이 폭로되는 것을 참지 못하거나 자신의 결점을 좀처럼 시인하지 않으며 우정 어린 비판과 충고를 거부하는 것과 같은 형태의 자만심에 빠져 있지는 않은가?

받지 아니한 것같이 자랑하느뇨

그리스도인에게 있어 자만의 근원은 어디서부터일까? 사도 바울은 이렇게 말한다.

"누가 너를 구별하였느뇨 네게 있는 것 중에 받지 아니한 것이 무엇이뇨 네가 받았은즉 어찌하여 받지 아니한 것같이 자랑하느뇨" 고전 4:7.

우리 스스로는 다른 사람을 도울 힘이 없다.

"우리가 무슨 일이든지 우리에게서 난 것같이 생각하여 스스로 만족할 것이 아니니 우리의 만족은 오직 하나님께로서 났느니라" 고후 3:5.

우리는 단지 하나님의 영광을 비추는 거울에 불과함을 기억하라. 거울 자체에 주의가 기울여질 때는 오로지 거울에 금이 가 있을 때뿐이다.

영적 자만심

한편 가장 서글픈 자만의 형태는 영적 자만심이다. 그리스도인이 자신의 성공을 자랑하기 시작하면 진정한 성공은 사라진다. 함께 기도하는 사람들에게라면 몰라도, 그리스도를 위한 사역의 결과에 관해서는 가급적 적게 이야기하는 것이 지혜롭지 않을까? 자랑하고 싶은 마음이 틈타지 못하도록 우리는 겸손해야 한다.

성공의 모든 자취들은 하나님으로부터 말미암았으며 하나님께만 영광 돌려야 한다. 하지만 자신의 영적 체험의 문제에 있어서는 드러내 놓고 말해도 좋을 것이다.

예수님도 치유받은 사람에게 "집으로 돌아가 주께서 네게 어떻게 큰 일을 행하사 너를 불쌍히 여기신 것을 네 친속에게 고하라"막 5:19고 말씀하시지 않았던가?

시편 기자는 "하나님을 두려워하는 너희들아 다 와서 들으라 하나님이 내 영혼을 위하여 행하신 일을 내가 선포하리로다"시 66:16라고 외쳤다. 또한 "내 영혼이 여호와로 자랑하리니 곤고한 자가 이를 듣고 기뻐하리로다"시 34:2라고 노래하기도 했다.

그렇다. 우리는 하나님이 우리를 위해 행하신 일을 증거해야 한다. 하나님이 축복하시면 주님의 구속함을 입은 자들은 그것을 증거해야 한다. 다윗이 "나를 기가 막힐 웅덩이와 수렁에서 끌어 올리시고 내 발을 반석 위에 두사 내 걸음을 견고케 하셨도다 새 노래 곧 우리 하나님께 올릴 찬송을 내 입에 두셨으니"시 40:2-3라고 자랑한다고 해서, 누가 그를 비난할 수 있겠는가? 그는 주님을 자랑하고 있다!

숙련된 의사가 내 몸을 치료해 주어 내가 그것을 자랑한다고 해서 거기에 무슨 자만심이 개입되겠는가? 나의 구주가 내 영혼을 치유해 주신 것을 널리 알린다고 해서 내가 교만하다는 비난을 듣겠는가?

전혀 그렇지 않다. 그보다 우리는 마치 절름발이 아이가 병원에서 완쾌되어 나온 것과 같은 기분을 느낄 것이다. 그 병원의 탁월한 의술이나 다른 환자들의 고질병 등에 관한 이야기가 나올 때마다 그 아이는 "하지만 엄마는 다른 무엇보다도 저를 걸어 다닐 수 있게 해준 그 의사 선생님에게 감사해야 해요."라고 말했다. 커다랗게 뜬 아이의 두 눈은 기쁨으로

반짝였다.

또한 나는 영적 진보를 이루게 하시는 그분께 찬양을 돌린다.

그러나 이 때 우리는 우리 자신과 다른 사람들 사이에서 마음으로든 노골적으로든 비교를 일삼는 죄악에 빠지지 않도록 주의해야 한다.

자칭 하나님께 열심인 사람이 다른 이들의 단점을 곧잘 말하면서도, "하나님, 거룩한 삶의 길을 가르쳐 주셔서 감사합니다."라고 기도하면서 그렇듯 신랄한 비판을 끝낼 수 있다. 하지만 스스로의 영성을 자랑하기 시작하는 순간 그것은 사라져 버린다.

겸손한 자가 받을 기업

이제 우리는 이 모든 사실을 너무도 잘 알게 되었다. 심지어 우리는 "하나님이 교만한 자를 물리치심"을 알았다약 4:6. 또한 "오직 마음에 숨은 사람을 온유하고 안정한 심령의 썩지 아니할 것으로 하는 것이 하나님 앞에 값진 것인 줄"을 알게 되었으며벧전 3:4, "겸손한 자가 여호와를 인하여 기쁨이 더함"도 안다사 29:19. 그럼에도 불구하고 우리는 여전히 스스로를 자랑하려는, 교만의 유혹에 직면한다.

온유한 자에게는 땅 위에서 크고 놀라운 상급이 약속되어 있다. 그것은 장래의 상급을 확보하기 위해 이 땅에서 자아를 부인하는 차원의 문제가 아니다.

"온유한 자는……땅을 기업으로 받을 것"이라고 우리 주님이 말씀하셨다마 5:5. 반면 세상은 이렇게 말한다.

힘 있는 자가 땅을 차지하며
능력 있는 자가 그것을 소유하게 하라.

주님은 "온유한 자는 복이 있나니"라고 말씀하셨다. 우리는 이 교훈들을 가슴에 새겨야 한다.

"하나님이 교만한 자를 대적하시되 겸손한 자들에게는 은혜를 주시느니라 그러므로 하나님의 능하신 손 아래서 겸손하라 때가 되면 너희를 높이시리라" 벧전 5:5-6.

하나님이 우리를 더욱더 높이실수록, 우리가 자신을 더 낮게 여길수록 우리는 그분을 더욱 영화롭게 해드릴 것이다.

뮬러 고아원 원장 프레드 버긴Fred Bergin이 남긴 마지막 메시지이다. "우리 젊은 형제들에게 이렇게 말해 주시오. 그들이 너무 커져서 하나님이 그들을 사용하지 못하실 정도가 될 수는 있어도 너무 작아질 수는 없다고 말이오."

하나님은 교만한 자를 물리치신다

본장 내용이 너무 가혹하고 매몰차게 여겨지는가? 사실 그런 의도로 쓴 것은 아니다. 하지만 분명 독자든 필자든 하나님에 의해 '물리침'을 당하기를 원하지는 않을 것이다. 온유하고 겸손하신 그분은 교만한 자를 물리치신다. 그분은 우리들의 유익을 위해 그렇게 행하시며, 결국 우리의 성품을 그분 자신과 닮도록 만들어 가신다.

결국 자랑하기 좋아하는 교만은 단지 다른 사람을 깔고 올라서려는 무익한 노력일 뿐이다. 진정 다른 사람들을 불만족스럽게, 실망하게, 풀이 죽게 만들기를 원하는가? 다른 사람들에게 우리 자신이 얼마나 훌륭한 사람인지 주지시키려고 할 때마다 이 '다른 사람들'을 '불쌍한 족속'으로 간주하는 것은 아닌가?

물론 이와 똑같은 의도를 가지지 않았을 수도 있다. 우리는 남에게 잘 보이기 위해 자신을 자랑한다. 그러나 그러한 자랑은 항상 애당초의 목적에서 벗어나기 마련이다. 왜냐하면 자만과 자기 자랑은 매우 비열하며 자기를 깎아 내리며 또한 웃음거리로 만들기 때문이다.

따라서 그러기보다는 다른 이들을 높이고, 다른 사람들을 칭찬하고, 다른 사람들을 기쁘게 하고 용기를 북돋우며, 다른 이들에게 즐거움과 위안을 주는 것을 목표로 삼자.

복되신 우리 주님처럼 낮아지며 온유하고 겸손해지자. 그래서 다른 이들이 우리 속에서 거룩한 아름다움을 발견하도록 하자.

우리 주 하나님의 아름다우심이 우리에게 임하게 하자. 우리가 만나는 모든 사람에게 축복을 빌며 그분의 복된 이름에 영광을 돌리자.

내가 아니라 오직 그리스도가
존귀와 사랑과 높임을 받으소서.
내가 아니라 오직 그리스도만
드러나시고 알려지시고 들려지소서.

그리스도 닮은 위대한 그리스도인

데이비드 리빙스턴

데이비드 리빙스턴 David Livingstone 1813-1873

아프리카 선교의 개척자로서 '검은 대륙의 성자'로 불리는 리빙스턴은 전인미답의 오지까지 답사한 위대한 탐험가인 동시에 노예 제도 폐지를 꿈꾸었던 박애주의자이자 숨이 끊어지는 순간까지 사람의 일을 하나님이 관장하신다는 신념을 잃지 않은 복음 전도자였다.

스코틀랜드 장로교도 가정에서 태어나 독학으로 신학과 의학 공부를 마친 리빙스턴은 베테랑 선교사 로버트 모팟(Robert Moffat)과의 조우를 통해 아프리카 선교를 열망하게 되었고, 결국 1841년 남아프리카 케이프 타운에 도착한 이래 30여 년 동안 세 차례에 걸쳐 29,000마일 거리의 전설적인 탐험을 감행하였다. 그 중 가장 규모가 크고 성공적이었던 첫 번째 탐험은 1841년부터 15년간에 걸친 것으로 잠베지 강을 따라 아프리카 대륙을 횡단하는 것이었다. 유명한 빅토리아 폭포를 발견한 것도 이 때의 탐사에서였다.

첫 탐험을 마치고 잠시간 영국에 돌아왔을 때 행한 그의 설교를 보면 그가 단순하게 미지의 세계에 대한 호기심이나 공명심으로 모험을 한 것이 아니라 순전하게 자신과 세계를 향한 하나님의 계획을 확신하고 극심한 고통과 불편을 기꺼이 감수한 하나님의 사람임을 알 수 있다.

사람들은 내가 아프리카에서 많은 희생을 했다고 생각합니다. 그러나 하나님께 진 도무지 갚을 수 없는 큰 빚의 극히 작은 부분을 갚았을 뿐인데, 이를 어찌 희생이라고 자랑할 수 있겠습니까? 모든 것은 우리 안에 그리고 우리를 위해 나타날 영광과 비교할 때 아무것도 아닙니다.

리빙스턴이 발견하고
당시 영국 여왕의 이름을 따서 붙인 빅토리아 폭포

복음을 전하기 위해서는 무엇보다도 통행을 위한 길을 찾아야 한다는 신념으로 1858년에 시도한 2차 탐험의 결과는 만족스럽지 않았다. 그러나 리빙스턴은 포기하지 않고 1865년 나일 강의 근원을 밝히기 위한 마지막 탐험의 길에 나섰다. 이 마지막 여행에서 그가 죽었다는 소문이 돌자『뉴욕헤럴드』의 기자 스탠리(Henry M. Stanley)가 파견되기도 했는데, 1871년 11월 극적으로 만나 생존을 확인시켜 주었을 뿐 영국으로 돌아가자는 청은 거절하였다.

고생으로 실제 나이보다 노쇠해 보였던 이 과묵한 탐험가는 1873년 5월 1일 새벽 쉬탐보 마을 작은 오두막의 침상 옆에서 무릎을 꿇고 기도하는 자세로 숨진 채 수행자들에게 발견되었다. 두 아프리카인 수행자는 그의 시신을 말린 후 9개월간의 도보 여행 끝에 선교회가 있는 해안까지 운반하였다. 그의 육체가 고국으로 돌아가기를 바라는 염원으로 수행한 이 믿기 어려운 행보는 백 마디 말보다 더 리빙스턴을 향한 그들의 애정을 짐작하게 한다. 그렇게 해서 영국으로 돌아온 데이비드 리빙스턴의 장례는 웨스트민스터 사원에서 국장으로 치러졌다.

청년 시절 '선교사가 한 번도 가 본 적이 없는 수천 개의 마을'에 대한 이야기를 듣고 전환되었던 그의 인생길은 이렇게 해서 '검은 대륙'의 수백만 원주민의 구속과 이후의 아프리카의 의학적, 사회적, 지리적 발전에 있어 지울 수 없는 자취를 남겼다. 한 인간이 질시와 몰이해 속에서도 흔들리지 않는 신앙과 의지로 이러한 일을 이룰 수 있었다는 사실에 지금도 전율하지 않을 수 없다.

리빙스턴과 극적으로 조우한 스탠리 기자

그리스도 닮은 그리스도인의 즐거움은 즐거움을 나눠 주는 데 있다.
그의 기쁨은 다른 사람을 기쁘게 하는 것이다.
그는 다른 사람을 희생시켜 자신을 만족시키는 일은 결단코 하지 않는다.

11
Love Is Not Selfish

사랑은
자기의 유익을
구하지 않는다

사랑은 자기의 유익을 구하지 않는다

그리스도 닮은 그리스도인의 즐거움은 즐거움을 나눠 주는 데 있다.
그의 기쁨은 다른 사람을 기쁘게 하는 것이다.
그는 다른 사람을 희생시켜 자신을 만족시키는 일은 결단코 하지 않는다.

사랑은 자신의 것을 구하지 않는다. 사랑은 무한하다. 따라서 사랑이란 인격화된 비이기성이다. 그리스도 닮은 그리스도인은 자신의 칭찬이나 유익, 영예를 추구하지 않는다.

사랑은 자기의 유익을 구하지 아니하며

그리스도 닮은 그리스도인의 즐거움은 즐거움을 나누어 주는 것이다. 그의 기쁨은 단지 다른 사람을 기쁘게 만드는 것이다. 자신의 권리를 주장하는 대신, 다른 이들의 권리를 찾아주는 것을 기뻐한다. 그는 사사로운 유익 이전에 공동의 유익을 생각한다. 그는 다른 사람을 희생시켜 자신을 만족시키는 일은 하지 않는다.

곰곰이 생각해 보면 이것은 자명한 사실이다. 왜냐하면 사랑은 축복하기 위해 존재하기 때문이다. 사랑은 최고의 즐거움을, 받는 것이 아니라 주는 것에서 찾는다. 사랑이 결코 꼴사납게 보이지 않는 이유도 그 때문이다. 사랑은 결코 자신이 하고 싶은 대로 하지 않으며 다른 이들로부터 호의를 요구하지도 않는다. 사랑에 관한 한, 대적들의 분노나 친구의 속임수는 더욱 완전한 기쁨을 얻게 해주는 기회일 뿐이다. 왜냐하면 사랑은 결코 보복하지 않으며, 항상 악을 선으로 갚기 때문이다. 이 점에 관하여 우리 자신을 한번 점검해 보자.

여기에 열거한 모든 것이 당신 삶의 진지한 목표인가? 그렇지 않다면 하나하나 짚어 가면서 예수의 모범을 좇아 삶을 재정립하자.

가장 차원 높고 아름다운 삶을 살 수 있는 우리가 왜 저차원적으로 살아 가는가?

모든 죄의 뿌리에 이기심이 자리하고 있다. 사도 바울은 "돈을 사랑함이 일만 악의 뿌리가 되나니"라고 말했다. 그러한 사랑은 자신에 대한 사랑, 이기심, 곧 자아를 만족시키는 것이며, 돈이 그와 같은 만족을 뒷받침해 준다는 것이다.

모든 죄의 이면에는 자아가 있고,
모든 사랑의 이면에는 하나님이 계신다.

그러므로 그리스도 닮은 그리스도인은 자아가 아니라 하나님을 사랑하는 사람이다. "모든 물건을 서로 통용하고 또 재산과 소유를 팔아 각 사람의 필요를 따라 나눠"행 2:44-45 주었던 초기 그리스도인들의 비이기성은 너무도 빨리 사라져갔다.

사도 바울은 "저희가 다 자기 일을 구하고"라며 매우 슬퍼했다. 그는 신자들에게 비이기적이 되기를 요청했다.

"오직 겸손한 마음으로 각각 자기보다 남을 낫게 여기고 각각 자기 일을 돌아볼 뿐더러 또한 각각 다른 사람들의 일을 돌아보아" 빌 2:3-4.

오늘날이라면 사도 바울이 더욱 강한 어조로 말하지 않았겠는가? 우리 주님은 불과 12살이셨을 때 "내가 내 아버지 집에 있어야 될 줄을 알지 못하셨나이까" 눅 2:49라고 말씀하셨다.

오늘날이 바로 사도 바울이 예언했던 "사람들은 자기를 사랑하며 돈을 사랑하며 자긍하며 교만하며……쾌락을 사랑하기를 하나님 사랑하는 것보다 더하는" 딤후 3:2-4 말세가 아닌가?

그리스도인들만이라도 "누구든지 자기의 유익을 구치 말고 남의 유익을 구하라" 고전 10:24고 한 사도 바울의 명령을 따른다면 이 세상은 얼마나 행복해지겠는가!

이제 두 가지 사항을 중점적으로 살펴보자.

하나님의 비이기성

하나님께 좋은 것이 나에게도 분명 좋은 것인가? 당신은 하나님의 비이기성에 관해 숙고해 본 적 있는가? 주 예수님은 오직 아버지의 영광만 구한다는 점을 늘 강조하셨다.

그분은 자신의 자아가 완전히 감추어지고 하나님의 뜻에 의해서만 통제된다는 사실을 거듭해서 주지시키셨다. "내 스스로는 아무것도 할 수 없느니라."

예수님이 자신의 영광을 제쳐 두시고 육신을 입고 우리 가운데 거하시며, 으리으리한 궁전 대신 비천한 가정을 택하시고, '유대인의 통치자' 대신 목수가 되시며, 부유함 대신 가난함을 택하시고, 또한 스스로 아무런 명성도 취하지 않으신 것 등은 모두 그분의 놀라운 사랑 때문이었다.

더구나 하나님 아버지가 명하신 것 외에는 아무 말씀도 하지 않으시며 아버지가 원하시는 것 외에는 아무 일도 하지 않으시면서 전적으로 순종을 나타내신 것에서, 우리는 너무도 깊은 사랑을 볼 수 있다. 또한 그분은 이러한 일들을 고행이나 자기 희생을 위해 치러야 하는 대가로 여기지 않으셨으며, 기쁨으로 받아들이셨다.

"주여, 나는 당신의 뜻을 행하기 위해 왔나이다. 오, 나의 하나님, 나는 당신의 뜻을 행하기를 기뻐하나이다." 우리 주님은 오직 아버지의 영광만 구하셨다. 그분은 우리가 자신의 발자취를 좇기를 원하신다.

이것이 바로 주님이 걸으신 길일진대
그분의 종이 이것을 마다할 수 있을까?

이것이 그리스도 닮는 삶이다.

생명의 원천이신 성령님도 동일한 길을 걸으셨다. 우리 주님은 성령에 관하여, "그가 자의로 말하지 않고 오직 듣는 것을 말하시며……그가 내 영광을 나타내리니 내 것을 가지고 너희에게 알리겠음이니라"요 16:13-14고 말씀하셨다. 성령의 사랑은 그리스도의 사랑과 동일한 방식으로 표현되며, 그것은 바로 "하나님의 크신 사랑"이다엡 2:4 참조.

하나님의 비이기성! 우리는 그것을 이해할 수조차 없다. 아버지는 모든 것을 아들에게 부여하셨다. 우리 주님은 "아버지께 속한 모든 것은 내 것이니라."고 말씀하셨다. 그리고 하나님은 세상을 그토록 사랑하사 세상을 구원하시기 위해 독생자를 주셨으며, 그와 함께 우리에게 모든 것을 거저 주신다.

그러면 그 대가로 하나님이 구하시는 것은 무엇인가? 그분이 우리에게서 얻는 것은 그분을 향한 우리의 사랑을 기뻐하시는 것뿐이다. 하나님 아버지가 우리를 위해 그리스도를 기꺼이 내어 주실 때 어떤 고통을 당하셨는지 우리는 알 수도 말할 수도 없다.

핵심은 바로 이것이다. 내가 하나님의 성령으로 충만하다면 나의 유일한 삶의 목표는 영원토록 그리스도를 영화롭게 하는 것이다. "이제는 내가 산 것이 아니요 내 안에 그리스도께서 사신 것이라."

그리스도가 내 안에 사시면 나는 그리스도를 닮을 것이며, 나의 가장 큰 목표는 아버지를 영화롭게 하고 오직 아버지의 말씀을 말하며 또한 아버지의 뜻만 행할 것이다. 이 모든 것은 오직 성령의 영감에 의해서만 가능하다.

기도하는 삶 역시 하나님을 영화롭게 하는 삶이다.

> "너희가 내 이름으로 무엇을 구하든지 내가 시행하리니 이는 아버지로 하여금 아들을 인하여 영광을 얻으시게 하려 함이라" 요 14:13.

하지만 이러한 일들은 우리 자신의 것을 구하지 않는 사랑으로 충만해 있을 때 비로소 가능하다.

하늘나라의 비이기성

하늘에 속한 것이란 무엇인가? 하늘의 기쁨이란 어떤 것인가?

우리는 하늘나라에서 그리스도와 함께 거할 것이다. 그리고 주님이 우리를 알듯이 우리도 주님을 알 것이다. 우리의 교제는 손상되지 않으며, 약화되지 않으며, 또한 끝나지 않을 것이다. 먼지 쌓인 청동 거울로 보는 것 같지 않고 얼굴을 마주 대하듯 분명히 보게 될 것이다. 우리는 직관적으로 알 것이며, 그분의 성전에서 주야로 그분을 섬길 것이다. 그러한 섬김은 자발적인 기쁨 가운데 순종하며 전적으로 비이기적일 것이다. 하늘나라에서는 이기심이란 찾아볼 수 없다.

포브스 로빈슨Forbes Robinson은 이렇게 말한다. "하늘은 자기 희생의 삶, 비이기적인 삶으로 충만한 곳이다."

그러한 곳이 하늘나라라면 왜 우리는 그것을 미래의 차원에서 생각해야 하는가? 왜 하늘의 희락을 맛보기 전, 죽음의 문턱을 넘을 때까지 기다려야 하는가?

"하늘나라는 우리 주변에 있다." 하늘나라는 우리 모두의 손이 미치는 범위 안에 있다. 전적으로 비이기적인 사람은 지금 곧바로 하늘을 소유할 수 있다. 이 사실이 의심스럽다면 한번 시도해 보라. 비이기적인 삶에서 오는 희열이 어떤 것인지 직접 느껴 보라. 지금 있는 자리에서 당장 하나님의 뜻을 실행에 옮기라. 그렇게 하는 것이 바로 하늘나라이다.

사랑이 가정에서 시작되게 하라. 왜냐하면 우리의 이기심이 가장 많이 드러나는 곳이 바로 가정이기 때문이다. 심지어 그리스도인 사역자들조차 가정에서는 십자가 지기를 싫어하며, 추하고 이기적이며 그리스도 닮지 않은 생활을 한다. 그리스도 닮은 삶에 관한 설교를 하는 예배에 참석한 두 부인이 예배가 끝난 후 한 하녀를 만나 "오늘 설교하신 분 댁에서 일하시지요?" 하고 물었다. 그러자 그 하녀는 "네, 그렇습니다."라고 대답했다. 그러자 그들은 "그분이 집에서는 어떻게 행동하세요?"라고 물었다.

그렇다. 그것이 바로 결정적인 테스트이다. 설교자가 교회에 초빙된 강사일 때 그의 행위에 관해 제대로 알기는 어려운 일이다. 하지만 가정에서 어떻게 행동하는지 알면 그의 영성의 깊이를 가늠해 볼 수 있다.

"그분은 집에서나 교회에서나 정말 모범적으로 행동하신답니다." 필자의 친구 목사의 아내가 말했다. 이것은 분명 칭찬의 말이다.

한 부인이 최근에 내게 이렇게 말했다. "나는 남편과 40년간 살아왔지만, 그가 이기적이거나 비열한 행위를 하는 것을 한 번도 보지 못했어요."

하지만 너무도 많은 가정에서 가족 한 사람 때문에 행복이 파괴되고 있다. 괜히 불화가 일고 시끄러워질까봐 아무 말도 하지 않고 지나가는 것이다. 가정마다 그러한 골칫덩어리가 하나 정도 있는 것이 당연시되기도 한다. 그런 사람은 자신을 위해 살고 자신을 위해 생각하며 자기 외에는 아무도 없다. 예수님이 살아가신 모습과는 너무도 대조적이며 예수님이 죽으신 것과도 너무나 대조적이다.

거룩해지길 원하는 사람이 자칫하면 더욱 자아의 틀에 사로잡히기 쉽다. 그러므로 자아에 사로잡힌 사람들은 가정에서 어긋난 행동을 하지 않도록 주의해야 한다.

열심 있는 많은 그리스도인이 단지 자신이 좋아한다는 이유로 적합하지도 않은 일을 맡으려고 이기적으로 덤벼들지 않는가? 음악에 대한 조예도

별로 없는 사람이, 자기보다 훨씬 뛰어난 실력을 갖춘 전문가가 있는데도 주일학교에서 찬송을 혼자서 인도하여 엉망진창으로 만들어 놓는 경우도 있다. 또한 아이들을 더 이상 지도할 수 없으면서도, 그 분야에서 자신이 불필요한 존재가 된 지 오래인 줄 알지 못하는 주일학교 부장도 있다.

이기심의 치유책

이러한 사례들을 일일이 열거할 필요는 없다. 삶의 모든 분야에는 이기적이게 유도하는 유혹이 있다. 우리는 하나님과 조용히 홀로 마주하여 자신에게 이기적인 요소가 있는지 여쭈어 보아야 할 것이다.

이기적이라는 진단이 나올 경우, 그 치유책은 무엇일까? 우리는 "사랑은 자신의 것을 구하지 않는다."는 말처럼 그러한 사랑을 지녀야 한다. 우리 자신을 주 예수께 온전히 복종시키면 그분이 우리의 이기심을 제거해 주신다.

주 예수께 항상 아버지의 뜻을 행하는 것은 고역이 아니었고 무엇을 상실하는 것도 아니었다. 그분의 뜻을 행하는 것은 기쁨이었다. 우리가 우리의 자아를 전적으로 또 절대적으로 예수 그리스도가 통제하시도록 한다면 그러한 기쁨이 우리와 함께 할 것이다.

육신으로는 힘든 것도 사랑으로는 쉬워진다. 비이기적인 마음은 하나님으로 만족해짐을 스스로 발견할 수 있다.

시편 기자는 "나는 의로운 중에 주의 얼굴을 보리니 깰 때에 주의 형상으로 만족하리이다"시 17:15라고 노래했다. 그리스도 닮은 그리스도인이 되면 이러한 만족은 바로 이 자리에서 시작된다.

그리스도 닮은 위대한 그리스도인

다미앵 신부

다미앵 Father Damien 1840-1889

목숨마저 내놓는 이타적인 사랑의 삶을 살았던 '상처 입은 치유자' 다미앵 신부는 문자 그대로 복음 증거란 삶으로 증거하는 것임을 증명한 이다. 이국땅 하와이 몰로카이 섬에서 평생을 '나환자의 목자'로 살다가 '나환자'로 숨을 거둔 그는 그리스도를 닮는 삶이란 언행일치에서 나오며 그렇게 진 십자가는 세상을 덮는 생명의 능력이 될 수 있음을 보여주었다.

다미앵 신부는 벨기에의 신앙심 깊은 농가에서 태어나 형의 뒤를 따라 수도회에 입회하였다가, 1864년 병든 형을 대신해 하와이 제도에 선교사로 파송되었다. 당시 하와이 군도는 급격히 늘어난 나병 환자들로 골치를 앓고 있었다. 결국 특단의 조치로 정부는 몰로카이 섬에 환자들을 격리 수용하였는데, 이는 치료와 보호를 위한 것이 아니었다. 이들은 말하자면 사회로부터 버려진 것이었다.

호놀룰루에서 서품을 받고 선교 활동을 하고 있던 다미앵 신부는 이러한 참상을 듣고 그 천형의 땅에 들어가기를 자원하였으며, 33세였던 그 해 1873년부터 나환자들과 동거동락하게 되었다. 그는 집 없는 이에게는 집을 지어 주었고 손가락 발가락이 떨어져 나간 환자들을 위해서는 직접 자신의 손으로 고름을 짜고 싸매 주었으며 낙담과 자포자기의 나락에 빠진 사람들에게는 뜨거운 사랑의 격려와 용기를 부어 주었다.

초반 그의 진의를 모르고 무조건 배척하기만 하는 나환자들에 대한 고민으로 그가 남긴 기도는 그가 당시 얼마나 치열한 심정으로 사역에 임하였는지를 보여준다.

나환자들과 함께한 다미앵 신부(뒤쪽 수도복 차림의 인물)

하나님, 저에게도 나병을 허락하옵소서. 저에게도 나병을 주셔서 저들에게 복음을 전하게 하여 주소서. 저들의 마음이 열리게 하소서.

그리고 1885년 다미앵 신부는 자신도 소원대로 나병에 걸렸음을 알게 되었다. 그는 발병한 이후에도 몰로카이 섬 나환자들을 위해 헌신하기를 그치지 않았고 놀라운 내적 평화와 충실한 기도의 모범을 보여주어 환자들로부터 진정한 동료, 교사, 의사, 목자로서의 존경을 얻을 수 있었다.

16년의 세월 동안 1,600명이 넘는 나환자들의 장례를 치러 주었던 그는 1889년 4월 15일 조용히 눈을 감았고, 그가 평생에 걸쳐 동지가 되고자 그렇게도 염원했던 나환자들의 곁에 묻혔다.

다미앵 신부는 나환자의 사회 복귀 가능성을 옹호한 세계 최초의 사람들 가운데 한 사람이었다. 그 힘의 원천은 고통받는 사람들에 대한 그리스도의 사랑으로 고취된 그의 신앙심에서 찾을 수 있다. 실제로 그가 보여 준 자기 부인과 헌신, 지고지순한 자휼은 버림받은 나환자들에게 세상에서 얻을 수 없었던 용기와 위로를 주었다. 그런 면에서 그는 또 한 명의 진정한 복음의 사도요 그 증거자였다.

그를 기리는 하와이인들의 마음은 몰로카이 섬 칼라우파파 선착장에 지금도 세워져 있는 추모 십자가에서 찾을 수 있다. 그 십자가에는 다음과 같은 성경 말씀이 새겨져 있다.

사람이 친구를 위하여 자기 목숨을 버리면 이에서 더 큰 사랑이 없나니(요한복음 15장 13절).

몰로카이 섬 칼라우파파에 있는 다미앵 신부의 무덤

성마름은 모든 영적 삶을 훼손시키며, 그리스도인으로서의 사역을 무용지물로 만든다. 그것은 주위 사람들을 불안하고 불쾌하게 만들 뿐 아니라 자신의 성격에 끔찍한 악영향을 미친다.

12
Love Is Not Provoked

사랑은
성내지 않는다

사랑은 성내지 않는다

성마름은 모든 영적 삶을 훼손시키며, 그리스도인으로서의 사역을 무용지물로 만든다. 그것은 주위 사람들을 불안하고 불쾌하게 만들 뿐 아니라 자신의 성격에 끔찍한 악영향을 미친다.

다른 사람에게 성내지 않는 것뿐 아니라 스스로 분에 사로잡히지 않는 것도 우리의 의무이다. 이것은 우리가 얼마나 쉽게 성을 내는가에 관한 문제가 아니다.

사랑은 성내지 아니하며

"성내지 아니하며"고전 13:5에 해당하는 말은 현대어 성경에서 매우 다양하게 번역되어 있다. "결코 성마르거나 안달하지 않는다", "격분에 사로잡히지 않는다", "성마르고 과민하여 비판이나 어떤 제안조차 들으려고 하지 않는 일이 없다", "이유도 없이 성내지 않는다" 등을 들 수 있다.

이 모든 표현을 이해하기 쉬운 말로 요약할 수 있을까?

사랑은 나쁜 기질이 아니다. 성내는 것은 치명적인 해를 끼치며 엄청

나게 전염성이 강한 무서운 질병이다.

하지만 여러분은 성경에서 "죄 짓는 일에 성을 내라"고 가르치지 않는가 하고 물을 것이다.

정말 그렇다. 우리는 분명 죄에 대해서는 성을 내야 한다. 그러나 죄인에 대해 성 내어서는 안 된다. 죄에 대한 분노가 죄인을 향한 사랑을 동반할 경우에는 죄가 아니다.

나쁜 기질이란 아주 사소한 죄처럼 보이지만 수없이 많은 해악을 초래한다. 성마름은 모든 영적 삶을 훼손시키며, 그리스도인으로서의 사역을 무용지물로 만들어 버린다. 그것은 주위 사람들을 불안하고 불쾌하게 만들 뿐 아니라 자신의 성격에 끔찍한 악영향을 미친다.

사소한 일을 문제 삼는 한 사람의 괴팍스런 기질 때문에 하루를 멋지게 보내려던 계획을 깡그리 망친 경험은 누구나 있을 것이다. 역정을 내거나 부루퉁해 있거나 비탄에 잠기는 행동을 오랫동안 지속하면 매우 나쁜 결과를 초래한다.

최근 어떤 사람은 내게 "부루퉁하기보다는 차라리 성을 내는 것이 낫다."라고 말했다. 하지만 우리는 두 가지 모두를 배격해야 한다.

과민한 사람에게는 모든 것이 짜증스럽다. 그래서 심지어는 자신이 요구하는 바가 이루어졌음에도 불구하고 그 일이 이루어진 방식을 놓고 괜히 짜증을 낸다. 그처럼 역정을 잘 내는 사람에게는 아무것도 만족스럽지 못하다.

더욱 아이러니한 것은 우리는 우리를 가장 사랑하고 가장 잘 대해 주는 사람에게 나쁜 기질을 드러내기 쉽다는 사실이다. 우리가 그들에게 잔혹하고 기분 나쁜 말을 서슴없이 하는 것은 그들이 분노를 오래 간직하지 않으며 우리와의 관계를 결코 깨뜨리지 않을 거라고 믿기 때문이다.

얼마나 어처구니없는 일인가! 과거를 돌이켜 보면 우리는 얼마나 부끄러운 일을 많이 저질렀던가!

다툼을 부르는 기질

헨리 드러먼드Henry Drummond 교수는 시기, 분노, 자만, 증오, 잔인함, 불의, 부루퉁함, 신경 과민, 완고함 등 여러 가지 죄악들이 나쁜 기질을 형성시키며, 특히 분노의 물결에 온갖 죄악들이 쉽사리 합류한다고 지적했다.

"악덕, 속물 근성, 물질에 대한 탐욕, 술 취함보다도 나쁜 기질이 기독교화되지 않은 사회에 더 많은 해악을 끼친다. 삶을 비참하게 만들고, 지역 사회에 분란을 조장하고, 신성한 관계들을 파괴하고, 가정을 황폐화시키고, 사람들의 생기를 잃게 하고, 어린아이들의 버릇을 망쳐 놓는 등 불행을 야기하는 데에 있어 이만큼 심각한 것도 드물다."

참으로 "노하는 자는 다툼을 일으킨다"잠 29:22.

하나님의 자녀인 우리가 나쁜 기질의 포로가 되어서야 되겠는가? 그것은 생각할 수도 없는 일이다.

불평 불만으로 가득하고 이기적이며 잔인한 사람, 기질이 나쁘고 말을 함부로 하는 사람을 그리스도인이라고 부를 수 있겠는가? 기질이 나쁜 사람은 환영받지 못한다.

솔로몬은 이렇게 말했다.

"노를 품는 자와 사귀지 말며 울분한 자와 동행하지 말지니 그 행위를 본받아서 네 영혼을 올무에 빠칠까 두려움이니라" 잠 22:24-25.

사랑으로 이기라

그러나 솔로몬보다 더 위대하신 분이 계신다. 그분은 그들을 사랑으로 이기라고 말씀하신다.

그러나 우리는 어리석고 연약하기에 심지어는 하나님께 대해, 그리고 그분의 의롭고 지혜롭고 사랑으로 가득한 배려에 대해서조차 성을 낸다.

그분의 성품에 대해 불만을 터뜨린 적은 없는가? 그분이 우리에게 부여하신 운명, 혹은 그분이 우리를 인도하시는 방식을 불평하지는 않았는가?

그분은 결코 실수하지 않으시는 우리의 가장 좋은 친구이시다. 우리 주님은 우리의 구조를 잘 알고 계신다. 그래서 "누구든지 나를 인하여 실족하지 아니하는 자는 복이 있도다"마 11:6라고 말씀하신 것이다. 이러한 복을 상실하고 있지는 않은가?

본장에서 우리는 특별히 그리스도인들에 관해 언급하고 있다. 불신자들이 나쁜 기질을 지녔다고 해서 그들을 비난할 수는 없다. 그리스도를 마음에 모시지 않은 사람들이 어떻게 스스로를 통제할 수 있겠는가? 온유함이란 연약함이 아니다. 온유는 하나님의 사랑에 의해 통제되고 영감을 받는 힘이다.

본문을 읽고 있는 독자 중 나쁜 기질을 지닌 자가 있다면 진지하게 자신의 결함을 극복할 것을 결심하라.

실패하는 이유

많은 사람들은 과거를 돌아보고 깊은 수치와 후회의 감정을 느낀다. 그와 같은 과오들을 다시는 반복하고 싶지 않을 것이다. 정말 믿음이 좋다 하는 그리스도인들이 신학적인 논쟁에 몰두한 나머지 이성을 잃는 이유는 무엇일까? 우리가 실패하는 원인은 진지하게 생각하지 않기 때문이다.

우리는 서로 도와야 할 세상에 살고 있다. 우리는 이 세상에 축적되어 있는 부드럽고 고요한 분위기를 더욱 고무시키기 위해 존재하고 있다. 우리가 때때로 감정을 폭발시키면, 그것을 목격하는 젊은 신자들에게 커다란 충격이 되며 세상 사람들에게도 놀라움을 안겨 주게 된다.

어떤 젊은 기독교 사역자가 한 복음주의자를 언급하면서 내게 이렇게 말했다. "저는 그를 도대체 이해할 수가 없어요. 오늘은 다정다감 그 자체이다가도, 다음날에는 제게 말조차 하지 않거든요."

한번은 교회에 등록한 한 술주정꾼의 아내가 이런 고백을 털어 놓았다. "남편이 술을 끊고 까다롭게 굴기보다는 차라리 술에 취해 흥청거리는 편이 더 낫겠어요." 그렇다면 과연 그가 개종했다고 할 수 있을까? 나는 그 점이 의심스럽다. 하지만 나는 기질이 나쁜 사람이 모두 구원에 들지 못했다고 단정을 내릴 수는 없다고 생각한다.

육신적 기질의 함정

크게 쓰임 받은 하나님의 성도들이 때로는 육신적인 기질을 터뜨림으로써 허물을 노출시킨 사례들을 잘 알고 있지 않은가?

너무도 사소한 일들이 우리를 분노케 한다는 사실은 놀랍다. 누군가 우리를 빤히 쳐다보면 우리는 발끈한다. 우리가 하는 말을 상대가 알아듣지 못하면 우리에게 잘못이 있어도 신경질을 낸다. 다른 사람들이 의롭고 선하며 적절한 일을 해도 그것이 우리에게 귀찮고 우리의 바람에 저촉되면 우리는 안절부절 못한다.

성을 냄으로써 어떤 좋은 일이 생겼다면 성을 낸 데에는 합당한 이유가 있었다 할 수 있다. 그러나 나쁜 기질은 모든 사람에게 해를 끼치며, 특히 거기에 빠진 사람에게는 더욱 그러하다. 어떤 사람이 우리를 노하게 하기 위해 의도적으로 무언가 도모한다면 그는 우리가 함정에 빠지는 것을 보고 매우 기뻐할 것이다.

또한 우리를 성나게 만드는 일이 아무런 악한 의도도 없이 생긴 것이라면 우리는 화를 낼 권리가 없다. 그런 상황 속에서 화를 내는 것은 인내심과 예의와 친절함이 결여되었음을 나타낼 뿐이다.

성마른 자는 배척당한다

주님은 용서하는 마음을 품지 못하면 우리 자신도 그분의 용서를 받기 어렵다고 말씀하시지 않았던가?

"너희가 사람의 과실을 용서하지 아니하면 너희 아버지께서도 너희 과실을 용서하지 아니하시리라" 마 6:15.

성내는 사람은 하나님과 사람들에게 배척당한다. 주님은 동료들과 화해하지 않았다면 예물을 가져 오지도 말라고 경고하셨다 마 5:23-24.

사람들과 그릇된 관계에 있다면 하나님과도 올바른 관계를 맺을 수 없다. 하나님의 통제 아래 있지 않다면 하나님은 우리를 신뢰하실 수 없다.

기질이 나쁜 사람들에게서 발견되는 또 한 가지 특이한 사실은, 그들은 사과하는 일이 거의 없고 그들이 모욕한 사람들에게 자신의 잘못을 고백하려고도 하지 않는다는 점이다. 그들은 극렬한 분노를 터뜨리고 나서 잠시 잠잠히 있는다.

그러고는 교묘하게 물러서서 약간 죄책감을 느끼지만, 그들의 죄를 사람들 앞에 시인하려 하지는 않는다.

누군가 말한 그대로다. "우리는 큰 소동을 일으키거나 그릇을 집어던지거나 혹은 사과가 필요한 말을 내뱉은 후에도 자신의 죄를 시인하려 하지 않는다."

우리는 자백하기는커녕 어설픈 핑계를 둘러댄다. 스스로를 다른 사람들에 비해 우월한 위치에 있는 양, 다른 친구들보다 더 귀한 존재인 양 생각한다. 일반인들보다 더 고귀한 기질을 가진 존재처럼 행동하는 것이다.

성마름은 고결한 체하는 악덕이다.

어떤 사람들은 자신의 나쁜 기질을 가정 환경 탓으로 돌리거나 남에게 해가 되지 않는 연약함 혹은 성격상의 결함 정도로 여긴다. 때로 어떤 사람은 자신의 기질이 결코 오래 지속되지는 않을 거라고 설명하기도 한다.

한 부인은 자신의 나쁜 기질에 대해 "조만간 고칠 거예요."라고 핑계를 댔다. 그러자 그 말을 들은 빌리 선데이Billy Sunday는 이렇게 대답했다. "하지만 그 조만간이 미처 이르기도 전에 기관총과 같은 당신의 기질이 모든 것을 산산조각 내버리고 말 겁니다."

한 사람이 외치는 조그만 소리에도 눈사태는 일어난다. 너무도 아슬아슬하게 균형을 유지하고 있던 눈이 곧장 무너져 내리는 것이다. 수많은 슬픔과 두려움의 눈사태도 분노의 말 한 마디로 터지곤 한다.

신경이 예민한 한 친구는 "오늘 기분이 좋지 않으니 좀 조심해 주게."라고 말하면 충분히 변명이 되는 줄로 알았다.

>조급한 손과 쓰디쓴 혀가
>악한 행실과 말을 부추겨
>당신을 그릇된 길에 빠지게 했다면
>마음속에 나쁜 생각을 갖지 말라.
>왜냐하면 악의는 치명적인 죄악이며
>주님께 해악을 범하는 것이기 때문이다.

누가 나를 건져 내리오

그러나 우리가 자신의 그릇된 기질에 진저리를 내면서 "누가 나를 건져 내리오?" 하고 솔직히 부르짖는다면 이미 문제 해결의 길에 들어선 셈이다.

오직 주 예수만이 이를 해결하실 수 있다. 그러나 우리의 무책임함과 부주의로 인해 성마름이 야기되는 경우도 있다. 때로는 무분별한 식성 때문에 그런 기질이 야기되기도 한다.

스펄전Charles H. Spurgeon이 말한 것처럼 어떤 사람들은 주님보다 음식에 더 많은 가치를 부여한다. 밤 늦게까지 하는 일 없이 돌아다니거나 반대로 너무 일에만 몰두하는 것, 혹은 다른 사람을 자기 입맛에 맞게 맞추려 드는 것도 우리에게 나쁜 기질을 심어 주기 쉽다.

사도 베드로는 "남의 일을 간섭하는 자"를 살인자나 도적과 나란히 언급했다벧전 4:15. 온유한 심령을 고양하는 데 방해가 되는 이러한 요인들을 우리는 쉽게 제거할 수 있다. 한 작가는 금세 성을 내는 사람에게 "성부와 성자와 성령의 이름으로!"라는 기도문을 반복하라고 충고를 해주었다고 한다.

그러나 완전한 승리를 보장받을 수 있는 길은 오직 내주하시는 그리스도의 능력으로써만 가능하다. 우리 주님은 노하는 말을 제어하실 수 있을 뿐 아니라 사악한 생각 자체를 제거하실 수도 있다. 부루퉁한 것은 화내는 것만큼 나쁘며 오랫동안 지속된다.

한국의 한 그리스도인은 늘 쉽게 화를 내며 살아가다가 어떤 선교사의 지적을 받게 되었다. 선교사는 화를 낼 때마다 그리스도의 마음을 찌르는 것이나 다름없다고 말해 주었다.

그러자 그는 깜짝 놀랐다. 그는 예수의 그림을 벽에 걸어 두고, 자신이 성을 낼 때마다 그림에 가시를 꽂았다. 얼마 지나지 않아 그 그림은 온통 가시로 뒤덮였다.

후에 그는 이렇게 말했다.

"그 때 주님의 크신 사랑이 나를 사로잡았습니다. 그분이 나의 죄 때문에 고난받으셨음을 절실히 깨닫고 저는 그 사랑으로 극복해 내었어요.

내가 아니라 내 속에 계신 그리스도가 그리고 그분의 사랑이 나의 나쁜 기질 대신 나타나기 시작했습니다."

그리스도의 관용을 본받아

사도 바울은 고린도 교인들에게 "그리스도의 온유와 관용"을 마음에 간직하라고 당부했다고후 10:1. 하지만 나는 주님이 이러한 나쁜 기질을 단번에 물리치실 수 있음을 확신한다. 우리는 그분이 가시 면류관을 쓰시기까지 기다릴 필요가 없다. 오늘날에도 사도 요한과 같은 우레의 아들이 즉시 사랑의 사도로 변화될 수 있다.

물론 오늘날 우리가 문제를 유발하는 친구들을 저주하는 대신 축복해야 하는 어려운 세상에 살고 있음을 기억하는 것은 우리에게 큰 도움이 된다.

그렇다고 해서 악한 친구들이 다른 사람의 영혼을 해치고 실족하게 하도록 아무 말도 않은 채 가만히 방관만 해서는 안 된다. 우리는 정복자 이상이 되어야 한다. 우리는 우리 자신의 나쁜 기질을 극복해 내야 할 뿐 아니라 적극적인 평화 조성자가 되어야 한다. 우리 주님은 "화평케 하는 자는 복이 있나니 저희가 하나님의 아들이라 일컬음을 받을 것임이요"마 5:9라고 말씀하셨다.

이처럼 그리스도 닮은 그리스도인은 다른 사람들에게 나쁜 기질로 인한 피해가 미치는 것을 부드러운 미소로 제지한다.

드러먼드 교수는 이렇게 묻는다. 자신의 형이 문 밖에 서서 빈정거리며 나쁜 마음을 품고 있을 때 탕자의 기분이 어떠했겠는가? "우리는 탕자에게 미쳤던 영향을 상상해 볼 수 있다. 과연 그곳이 가정이었던가! 그는 마치 함정에 빠진 것 같은 느낌을 받았을 것이다. 이런 상황이 지속된다면 그는 차라리 다시 가출하는 것이 낫다고 생각했을 것이다. 꽁하니 의로운 체하는 형의 야비함을 견디기보다는 차라리 돼지우리에서 지내는 것이 훨씬 더 행복하겠다는 생각이 들었을 것이다.

그렇다. 우리는 유감스럽게도 단순히 여흥을 깨지 않기 위해 여러 차례 사람들을 그리스도께로 인도하는 문 밖에서 몰아내었다. 어떤 충동적인 그리스도인은 아마도 수많은 탕자들을 내어 쫓았을 것이다."

이 점에 대해 생각해 본 적 있는가? 혹은 탕자의 비유를 읽은 사람이라면 누구나 형을 탕자인 아우보다 더 나쁘게 여긴다는 사실을 생각해 본 적 있는가?

그러한 사실을 곰곰이 생각할 때 우리는 "너희 관용을 모든 사람에게 알게 하라 주께서 가까우시니라"빌 4:5는 사도 바울의 권면을 따르려는 마음을 갖게 된다.

향기 짙은 백단향 나무처럼

한번은 사두 순다르 싱 선다 싱, Sadhu Sundar Singh이 이렇게 말했다. "진정한 그리스도인은 마치 백단향 나무와 같다. 그것은 자신을 찍은 도끼에 보복하지 않고 오히려 향기를 묻혀 준다."

이 모든 권고와 충고들은 우리가 더욱 승리를 열망하도록 해주지만 직접적으로 승리를 가져다주지는 않는다. 오직 그리스도만이 당신에게 절대적인 자유를 보장해 준다.

주 예수가 우리의 삶을 온전히 지배하시게 하는 길 외에는 쉽게 노하는 성격을 치유할 방법이 없다. 오직 성령만이 성령의 열매인 사랑을 공급해 주실 수 있다.

모울Handley Moule 주교는 이렇게 말했다. "하나님의 은혜를 온전히 받아들이면, 이러한 일은 가장 복잡한 상황에서도 또 가장 괴팍한 성격을 지닌 사람에게서도 나타날 수 있다."

"주의 법을 사랑하는 자에게는 큰 평안이 있으니 저희에게 장애물이 없으리이다" 시 119:165.

우리는 '하나님의 사랑을 받지 못하게 하는 장애물을 지닌 자들'이 아닌가?

죄악 된 기질에서의 해방

그러면 이제 승리하는 삶의 두 가지 예를 살펴보자. 내가 아는 한 그리스도인 사역자는 많은 사랑을 받는 사람인데, 한때는 매우 좋지 않은 기질로 많은 사람들의 눈총을 받았었다고 한다.

한번은 그가 휴가차 타 지역에 있다가 그곳의 한 교회의 예배에 참석하여, 정복자이신 예수 그리스도 안에 있는 믿음을 통해 죄를 이길 수 있다는 설교를 들었다. 그는 이렇게 간증했다.

"비록 나는 28년 동안 그리스도를 믿어 왔지만, 그 자리에 무릎을 꿇고 주님으로 말미암는 승리를 간구하였습니다." 그의 동료 사역자 한 사람이 그에 관해 말했다. "그 사람은 성격이 불같아서 나는 길거리에서도 그와 마주치지 않으려고 은근히 피했어요. 하지만 이제 그는, 내가 위로와 도움을 구할 때 찾아가고 싶은 유일한 사람이 되었습니다."

매우 경건한 복음 증거자인 또 한 사람은 최근에 고백하기를, 자신은 어린 시절부터 그리스도를 구주로 영접하고 살아왔지만 지극히 나쁜 성질을 버리지 못했다고 한다. "나는 항상 자유함을 얻으려고 노력했어요. 나의 삶을 비신앙인과 비교해 볼 때마다 너무도 비참한 생각이 들었습니다. 나의 삶은 죄악 된 기질의 노예로 전락해 있었지요."

그는 종종 자기 자신과 이렇게 실랑이를 벌였다. '문제 해결의 손길이 진정 주님께 속해 있고 그분이 그 모든 것을 온전히 통제하실 수 있다면 사람들이 그처럼 자주 좌절감에 빠지지는 않을 것이며, 또한 실수를 범하고 나서도 다시 추스르고 일어나 고비를 무난히 넘길 수 있게 될 것 아닌가? 나는 나의 입술과 혀가 주님께로 고정되어 있다면 나 자신을 포함한 사람들이 지금처럼 말을 함부로 하지는 않을 것이며 스스로를 통제할 수 있으리라고 생각한다.'

이 말이 올바르기는 하나 자신의 힘으로는 그렇게 될 수 없다. 그러다가 그는 갈라디아서 2:20의 위대한 말씀을 다시 읽어 보았다. "내가 그리스도와 함께 십자가에 못 박혔나니 그런즉 이제는 내가 산 것이 아니요 오직 내 안에 그리스도께서 사신 것이라 이제 내가 육체 가운데 사는 것은 나를 사랑하사 나를 위하여 자기 몸을 버리신 하나님의 아들을 믿는 믿음 안에서 사는 것이라."

그는 무릎을 꿇고 매우 솔직하고 분명한 태도로 자신을 주님께 맡겼다고 했다.

그러자 하나님은 그의 마음과 모든 삶을 변화시키셨고 놀라운 평화와 기쁨을 허락해 주셨다. 그 후로 그는 모든 시련과 반대와 모욕들을 당하면서도 평화를 잃지 않고 능히 이겨 나갈 수 있었다. 요즘 그는 분통 터질 만한 상황 속에서도 조금도 성내지 않고 대처해 나가고 있다.

하나님의 성품을 덧입어

이와 마찬가지로 우리 역시 즉시로 그러한 승리를 누릴 수 있다. 우리가 진정 하나님의 성품을 덧입게 될 때 그 성품이란 바로 사랑임을 발견할 것이다.

그러므로 우리에 대한 거부와 반대, 모욕들을 기꺼이 받아들이자. 그것들은 하나님이 허락하신 것이다. 그분이 모르는 것은 아무것도 우리에게 임하지 않는다.

사람들이 당신에게 그토록 잔인하게 대하는 이유가 무엇인가? 그들이 당신의 모든 계획을 망치는 실수를 저지르는 이유가 무엇인가? 하나님이 당신을 잊으셨을까?

전혀 그렇지 않다.

하나님은 당신을 검증하시며 시험하신다. 그리고 그분은 매일같이 악인이 성을 내어도 당신이 거기에 말려 들지 않도록 보살피시며, 그분의 영광과 사랑을 나타내사 거만한 자를 놀라게 하시며 뉘우치고 축복을 받도록 인도하신다. 성령 하나님은 그런 사람도 하나님의 영향을 받아 승리하게 되기를 바라신다.

"하나님의 성령을 근심하게 하지 말라……너희는 모든 악독과 노함과 분 냄과 떠드는 것과 훼방하는 것을 모든 악의와 함께 버리고 서로 인자하게 하며 불쌍히 여기며 서로 용서하기를 하나님이 그리스도 안에서 너희를 용서하심과 같이 하라" 엡 4:30-32.

또한 우리는 우리 주님이 친히 약속하시고 명하신 것을 기억해야 한다.

"나를 인하여 너희를 욕하고 핍박하고 거짓으로 너희를 거스려 모든 악한 말을 할 때에는 너희에게 복이 있나니 기뻐하고 즐거워하라 하늘에서 너희의 상이 큼이라" 마 5:11-12.

그러므로 사랑은 성내지 아니하며 오히려 기뻐한다. 그리고 큰 보상을 받게 한다.

비그리스도인들의 눈에 그토록 신기하게 보이며 또한 그들을 그리스도께로 인도하는 것이 바로 이것이다.

일본의 한 근로자가 분노에 사로잡혀 연장을 집어 들고 어떤 그리스도인의 머리를 쳤다. 그가 진정을 되찾았을 때 그는 부끄러움에 압도된 나머지 이렇게 외쳤다. "그가 나를 용서하지만 않았더라도 내가 이처럼 수치스럽지는 않을 텐데! 왜 그는 내게 앙갚음을 하지 않았을까?"

이러한 기독교적 사랑은 그 일본인의 삶을 주 예수 그리스도 앞에 복종하게 만들었다. 하나님이 우리에게 나타내기 원하시는 사랑은 참으로 이적적인 사랑이다. 그러한 사랑을 지녔던 사도 바울은 이렇게 말한다.

"내가 너희 영혼을 위하여 크게 기뻐함으로 재물을 허비하고 또 내 자신까지 허비하리니 너희를 더욱 사랑할수록 나는 덜 사랑을 받겠느냐" 고후 12:15.

오직 그리스도만이 이적을 행하실 수 있다. 그러므로 우리 안에 그리스도를 모셔야 한다.

그리스도 닮은
위대한 그리스도인

조나단 에드워즈

조나단 에드워즈 Jonathan Edwards 1703-1758

천재로, 최고의 설교자로, 미국 기독교 역사에 큰 영향을 끼친 유능한 개혁 신학자이자 위대한 목회자로 칭송받는 조나단 에드워즈는 독실한 청교도 집안에서 태어났다.

어린 시절부터 하나님의 영광을 위하여 자기의 모든 능력을 개발해야 함을 되새기며 성장한 그는 12세에 입학한 예일대를 17세가 되기도 전에 최우등으로 졸업하였으며 19세 약관도 되지 못한 나이에 외조부로부터 물려받은 매사추세츠 주 노샘프턴 교구에서 본격적인 성직자의 길을 걷게 되었다.

에드워즈가 활동하던 18세기 초의 미국은 전세기 청교도들의 시대와는 달리 영적 관심이 물질적 번영에 밀려 있던 때였다. 도덕성과 함께 경건에 대한 열망은 사그라지고 있었고 각종 집회와 주일 성수 역시 쇠퇴해 가고 있었다. 거기다 인디언 전쟁이 발발하면서 수많은 청년들이 희생되어 당시 식민지의 영적 상태는 회복 불가능의 상태에 이른 듯하였다.

에드워즈는 이러한 신앙 풍조에 신랄한 비판을 가하였고 인간의 죄를 거듭 강조하며 오직 믿음으로 말미암아 구원을 받으라는 메시지를 전하는 데 전력을 기울였다. 하루 12시간 이상을 성경 연구에 보내고 매번 2시간이 넘는 설교를 해내었던 그의 고심초사와 열정은 드디어 1734년에서 1735년으로 넘어가는 한 계절 동안 300여 명의 회심자를 얻는 열매를 맺었다.

거리의 인적이 끊길 만큼 사람들은 그의 설교에 매료되었고 한꺼

에드워즈가 시무했던 노샘프턴의 교회

번에 중생 체험을 하는 놀라운 일이 벌어지기 시작했다. 이 특기할 만한 부흥은 다른 여러 지방으로 번져 갔고 이후로 5년여 간이나 지속되었다. 이것이 그 유명한 '대각성 운동'이다.

이 운동의 여파는 노도와 같아서 뉴잉글랜드 지역에서만 짧은 기간 동안 5만 명 이상이 회심하는 기적이 일어났다. 또한 유럽에도 영향을 끼쳐서 독일과 스칸디나비아에서는 루터교가 되살아났고 영국에서는 존 웨슬리(John Wesley)의 주도하에 영국 기독교 부흥 운동이 일어나게 되었다.

그러나 이런 놀라운 역사가 있었음에도 에드워즈는 성찬식 문제 등으로 교회 회중과 갈등을 겪기 시작했고, 1750년 급기야 피땀을 흘려 넣었던 노샘프턴 교회에서 해임되는 고통을 당하기도 했다.

그러나 에드워즈는 갖가지 몰이해와 질시에 굴하지 않았다. 그는 이듬해 인디언 거주 지역인 스톡브리지의 한 교회에서 인디언을 위한 선교사로서 삶을 이어가기로 결심하였고, 언어 장벽과 질병, 분쟁, 모함 등으로 어려움을 겪으면서도 목회에 충실한 삶을 보냈다.

아무리 억울한 무고에도 끝끝내 평정심을 잃지 않았던 그의 삶의 방식과 믿음은 그의 『신앙 감정론』에도 기록되어 있는 바, 그리스도의 성품을 닮아가고자 했던 결의에 의한 것이었다. 그는 그리스도의 성품을 닮는 것이야말로 그리스도인의 탁월한 정신을 완성하는 것임을 알고 있었기에 자신에게 닥친 폭풍과도 같은 힐난과 시기와 모략에 대해 초지일관 꿋꿋하고 자약한 태도를 견지할 수 있었던 것이다.

스톡브리지의 옛 마을

사랑은 분노를 쌓지 않고, 결코 원한을 품지 않으며, 앙갚음하지 않는다.
심지어는 속으로 악한 생각조차 하지 않고
그것을 잊어버리고 상대방을 계속 사랑한다.

13
Love Thinketh No Evil

사랑은 악한 것을 생각하지 않는다

사랑은 악한 것을 생각하지 않는다

사랑은 분노를 쌓지 않고, 결코 원한을 품지 않으며, 앙갚음하지 않는다.
심지어는 속으로 악한 생각조차 하지 않고
그것을 잊어버리고 상대방을 계속 사랑한다.

고린도전서 13:5에서 사도 바울은 단순히 '악한 생각'을 말하고 있는 것이 아니다. 또한 무언가를 꾸미는 것 혹은 다른 사람들에 대하여 음모를 꾸미거나 악한 일을 계획하는 것이라고 단정지을 수도 없다. 더욱이 다른 사람들에게서 어떤 흠을 찾아내는 것을 시사한다고 보기도 어렵다.

웨이머스Richard Francis Weymouth는 "사랑은 다른 사람의 잘못을 곰곰이 생각하지 않는다."라고 해석했다. 또 모팻James Moffatt은 "사랑은 결코 성내지 않는다."라고 번역했다.

이러한 여러 번역 중에서 영어 개역 성경Revised Version의 번역이 가장 정확한 듯이 보인다.

"사랑은 악을 생각지 않는다."

사랑은 악한 것을 생각지 아니하며

사랑은 분노를 쌓지 않고, 결코 원한을 품지 않으며, 앙갚음하지 않는다. 심지어는 속으로 악한 생각조차 하지 않고 그것을 잊어버리고 상대방을 계속 사랑한다.

스펄전Charles H. Spurgeon은 "사랑은 다른 사람의 결점을 볼 때 자기 입술에 손가락을 갖다 댄다."고 말했다. 이렇게 하는 것은 마음에 동정심과 하나님의 사랑이 자리하고 있기 때문이다.

그리스도 닮은 그리스도인이 명심해야 할 또 하나의 원리가 있다. "나도 너를 정죄하지 아니하노니 가서 다시는 죄를 짓지 말라." 그리스도의 말씀이 바로 그것이다.

한편 "생각지 아니하며"로 번역된 헬라어가 로마서 4:8에서도 발견된다. "주께서 그 죄를 '인정치 아니하실' 사람은 복이 있도다." 우리 주님은 우리도 이와 동일한 자세를 지닐 것을 원하신다.

이는 스데반이 "주여, 이 죄를 저들에게 돌리지 마옵소서." 하고 기도할 때 보여주었던 바로 그 정신이 아닌가? 다소 사람 사울의 개종이 시작된 것도 바로 그 때이다.

용서받은 자의 용서

에이미 카마이클Amy W. Carmichael은 인도의 한 악명 높은 산적 두목에 관한 이야기를 들려주었다. 그는 변화받은 후에 아주 많은 사람들을 개종시켰는데, 그것은 그의 삶이 사랑으로 가득했기 때문이었다.

그를 체포할 수 있도록 유인하는 첩자 역할을 했고 나중에는 고문까지

가했던 강도는, 그 두목이 개종한 후 모든 것을 용서하는 것을 보고 놀라움을 금치 못했다. 두목은 말했다. "나는 용서받았다. 그러니 나 역시 용서해야 하지 않겠는가?" 그 두목을 괴롭힌 강도는 그러한 정신을 이해할 수 없었으나 나중에 가서 그도 기도하는 법을 배우게 되었다.

우리가 입은 악행을 무시해 버리는 것은 차치하고서라도, 다른 사람들에 대한 악한 생각을 품을 수 있는 위험은 충분히 있다. 우리가 이러한 위험을 다른 사람들에게 적용시키면 그 정도가 훨씬 악한 것처럼 나타날 수 있다. 우리 스스로가 사랑의 기준에 얼마나 미달인지 보기 위해서는 우리의 삶을 조사해야 한다.

새뮤얼 채드윅Samuel Chadwick은 "나는 다른 사람들에 대해 좋게 생각할 수도 있는 때에 나쁘게 생각하는 것을 혐오한다."고 말했다.

하지만 많은 이들이 너무도 쉽게 악한 추측을 하며 남을 의심한다. 따라서 우리는 "사랑은 이웃에게 악을 행치 아니하나니 그러므로 사랑은 율법의 완성이니라"롬 13:10는 말씀을 명심해야겠다. 악을 행치 않는 가장 확실한 방법은 악을 생각조차 않는 것이다. 왜냐하면 랠프 에머슨Ralph Waldo Emerson의 말대로 "모든 행동은 생각에서 비롯되기" 때문이다.

비난하는 자의 천박함

다른 사람의 행동에 대해 나쁘게 해석하기보다는 항상 좋게 해석하는 습관을 지녀야 한다. 어떤 형태로든 무정함에 빠지지 않게 해달라고 기도해야 한다.

따라서 우리는 다른 사람들을 섣불리 비난하지 않으며 기꺼이 인정하는 자세로 대함으로써, 말씨가 불친절하다든지 무심하다든지 하는 인상을 주는 일이 없도록 해야겠다.

다른 사람들에 관한 의혹스러운 이야기들을 퍼트리거나 비리를 폭로하는 것과 같은 행동은 진정 의를 추구하는 것이 아니다. 또 그것은 다른 사람들에게 경종을 울려 주려는 행동도 아니다.

다른 사람을 악하게 생각하는 것은 악한 마음이다.

"자녀들아 우리가 말과 혀로만 사랑하지 말고 오직 행함과 진실함으로 하자" 요일 3:18.

심지어 믿음이 좋다 하는 그리스도인조차 악한 소문에 귀가 솔깃할 수 있다. 다른 사람의 죄에 관한 소식을 듣는 것이 즐거움인가 아니면 슬픔인가? 시편 기자는 이렇게 노래했다.

"여호와여 주의 장막에 유할 자 누구오며……그 혀로 참소치 아니하고 그 벗에게 행악지 아니하며 그 이웃을 훼방치 아니하며" 시 15:1-3.

세상에서와 마찬가지로 영적 세계에 있어서도 우리는 그 사람의 말을 통해 그 사람이 어떤 차원에서 살고 있는지 알 수 있다.

따라서 우리는 "모든 악독과 모든 궤휼과 외식과 시기와 모든 비방하는 말을" 단번에 버려야 한다 벧전 2:1. 우리는 너무도 쉽게 슬그머니 다른 사람들을 혹평하고 비판하며 격하시킨다. 심지어 하나님으로부터 큰 축복을 받은 사람들조차 그들도 모르는 사이에 모욕을 당한다.

다른 이들을 나쁘게 생각하게 만들거나 혹은 나쁘게 말하게 유도하는 것은 해로운 허영심 내지는 스스로의 우월 의식이다. 다른 사람들을 나쁘게 평가해야 스스로 더 우월하다는 느낌을 받는가? 그것은 착각이다. 왜냐하면 우리가 자꾸 악한 말을 하면 그것을 듣는 사람들은 우리를 점점 더 멸시할 것이기 때문이다.

> 자기 이외의 모든 사람을 천박하기 짝이 없다고
> 비난하는 사람을 나는 보았네.
> 나는 즉시 알았네.
> 바로 그 사람이 가장 천박한 사람이었네.

충만한 축복을 받았던 한 그리스도인 사역자는 어떤 저명한 복음 증거자의 전도 사역을 악한 마음으로 비판하다가 그 축복들을 상실하고 말았다고 고백했다.

사랑은 방치하지 않는다

진실한 그리스도인에게도 하나님의 성품, 그분의 섭리, 그분의 인도하심에 대해 악하게 생각하지 말라고 경고할 필요가 있을까?

하나님은 "여호와의 율법을 즐거워하는 자에게 그 행사가 다 형통"하리라고 약속하셨다시 1:2-3 참조.

이 사실만 명심하면 충분한가? 한 설교자가 말했다. "여러분에게 필요한 것이 무엇인지 저는 모릅니다만, 그것이 무엇이든지 간에 하나님이 그것을 가지고 계신다고 저는 믿습니다." 우리가 우리를 인도하시는 주님의 방법에 대해 투덜거린다면 그분이 얼마나 실망하시겠는가! 하나님이 바르게 행하시지 않겠는가? 우리를 향하신 그분의 사랑은 너무도 놀랍다.

신자라면 누구나 악에 무관심하다고 말할 수 있을까? 독자 여러분은 모두 해악을 당하고도 보복하지 않을 거라고 말할 수 있는가?

한 용기 있는 주 예수의 종은 구주께 온전히 복종하기 전에는 원한을 곧잘 품었다고 한다. "나는 내게 해를 끼친 사람을 미워했습니다. 구원받지 못한 다른 어떤 죄인보다도 더욱 극한 증오심을 품었지요."

오래된 원한의 감정을 아직 지니고 있는가? 오랜 악의를 계속 품고 있는가? 이것은 사랑의 행동이 아니다. 사랑은 다른 이의 잘못을 오래 기억하지 않으며 무한히 용서한다. 사랑은 잘못된 것을 그대로 방치하는 것이 아니다. 사랑이 다른 사람의 잘못을 적당히 눈감아 주는 것으로 오해되어 오기도 했다. 그러나 사랑은 죄를 가볍게 여기지 않는다. 다만 죄인들을 항상 긍휼히 여기고 동정할 뿐이다.

적극적인 사랑의 표현

사도 바울이 사랑은 악한 것을 생각지 않는다고 말했을 때 그것은 단지 그가 입은 상처를 냉담하게 무시한다는 뜻만 나타내는 것은 아니다. 사랑한다면 되받아 치지 않을 뿐 아니라 적극적으로 사랑을 나타낼 것이다.

주님은 우리에게 사랑은 단지 불친절한 대답을 하지 않는 것만이 아니라고 가르치셨다. 그분의 기준은 이러했다.

"너희 원수를 사랑하며 너희를 핍박하는 자를 위하여 기도하라" 마 5:44.

이것이 바로 사랑이다. 사람들에게 선한 영향력을 미치려면 그들을 사랑할 뿐만 아니라 그들을 믿고 그들에게서 위대한 일들이 이루어지기를 기대해야 한다. 우리가 다른 사람의 악을 적발하는 사람이 아니라 선을 발견하는 사람이라는 사실을 깨달으면 얼마나 기쁘겠는가!

모울 Handley Moule 주교는 이렇게 말했다. "우리의 생각과 상상력을 믿음을 통해 온전히 정화시키는 일은 가능하다."

결코 정죄함이 없나니

그리고 우리는 주 예수님이 우리를 대하실 때 "악한 것을 생각지 아니하신다"는 사실을 기억해야 한다.

"그러므로 이제 그리스도 예수 안에 있는 자에게는 결코 정죄함이 없나니." 그분은 성도들의 용서받은 죄들을 결코 기억하지 않으신다. 그분은 우리를 송사하는 모든 기록을 깨끗이 지워 버리셨다. "내가 네 허물을 빽빽한 구름의 사라짐같이, 네 죄를 안개의 사라짐같이 도말하였으니" 사 44:22라고 하나님은 말씀하신다.

누구든지 기질이 나쁜 형보다는 용서받은 탕자가 되고 싶지 않겠는가?

사랑의 아버지는 모든 것을 용서하시며 죄로 얼룩진 과거를 언급하지 않으신다. 그러나 비유 속에 등장하는 형은 죄로 얼룩진 탕자의 과거 경력을 들추어 내며 그 죄악이 얼마나 나쁜 것인지 일일이 거론하려 했다.

하나님께 감사하라.

그분은 우리를 그러한 양극단에 빠지지 않도록 인도하신다.

사랑의 아버지는 우리들이 탕자나 형 중 그 어느 쪽의 처지도 되지 않게 하신다. 특히 우리는 그 형과 같이 혐오하고 정죄하는 태도를 갖지 않도록 유의해야 한다. 그에 대한 책망이 우리에게 경고가 되게 하자. 심지어는 그의 악함을 생각조차 하지 말자.

이러한 내용을 통해 우리는 적어도 타인에 대한 악의적인 판단과 비판을 자제할 수 있다.

하지만 마음의 내밀한 생각들은 오직 하나님의 사랑이 심령에 심어질 때 비로소 온전히 통제될 수 있다. 그럴 때만이 우리 안에 "그리스도 예수의 마음"빌 2:5을 품는 일이 가능해진다.

왜냐하면 그분은 "불법자의 동류로 여김을 받으셨고"눅 22:37, 그래서 우리는 악한 것을 생각하거나 일일이 기억하는 일에서 벗어날 수 있는 힘을 얻었다고전 13:5.

그리스도 닮은 위대한 그리스도인

존 밀턴

존 밀턴 John Milton 1608-1674

셰익스피어(William Shakespeare)에 버금가는 대시인으로 추앙받는 존 밀턴은 17세기 영문학을 대표하는 청교도 작가인 동시에 독실한 기독교적 세계관을 바탕으로 공화정을 주장한 자유주의자이기도 하다. 예술에 있어서 위대하기 이전에 인생에 있어서 위대하였다는 평을 듣는 그는 격변기의 혼란 속에서도 정치적으로나 신앙으로나 순전함을 보전함으로써 의지적, 영적 승리를 보여주었던 인물이다.

존 밀턴은 부유한 공증인의 아들로 태어나 일찍부터 학문과 문학에 있어 천재성을 드러내었으며 케임브리지 대학교 크라이스트 칼리지 수학 시절에는 이미 시작(詩作)에 있어 완숙미를 보일 정도였다. 수려한 미모와 단정한 생활 태도로 '숙녀'라는 별명까지 얻었지만, 그의 정치적 소견과 사회에 대한 비판 의식은 급진적이고 예리하기가 그지없었다.

졸업 후 몇 년에 걸친 목가 생활과 이탈리아 유람 등을 통해 문학적 역량을 키우고 사설 기숙학교를 열어 운영하기도 했으나, 열렬한 공화주의자였던 그는 1649년, 청교도 혁명으로 수립된 올리버 크롬웰(Oliver Cromwell) 정부에 투신하여 본격적으로 정치 활동을 시작하였다. 10여 년간 외교부 장관을 지내면서 종교, 언론, 정치에 관한 각종 주제로 수많은 소논문들을 집필하였는데, 서양사 최초로 언론과 출판의 자유를 부르짖는가 하면 부부간의 부조화나 불일치 같은 정신적인 이유도 이혼 사유가 될 수 있다는, 당시로서는 파격적인 주장을 하여 사회적 센세이션을 일으키기도 하였다.

스위스 프로테스탄트 대표단의 호소를 듣고 있는 크롬웰과 밀턴(좌측에서두 번째로 앉아 턱을 괴고 있는 인물)

그러나 정치적 배경이 달랐던 아내와의 불화, 지나친 독서와 연구, 과중한 업무 등으로 점차 지쳐 가던 밀턴은 1652년경 나이 겨우 43세에 실명이라는 불행에 처하고 말았다. 또한 1660년에는 그가 그토록 지지하고 심신을 바쳐 봉사하였던 공화정이 무너지면서 정치에 대해 환멸을 느끼는 동시에 언제 숙청될지 모르는 공포로 고통받아야 했다. 공화정 지지자들에 대한 대사면령으로 간신히 목숨을 건지기는 하였으나 실각한 맹인 작가에게는 고독과 빈곤만이 남겨져 있을 뿐이었다.

그러나 그토록 비참한 상황에 놓여서도 고고하고 기개 있는 태도를 견지하던 존 밀턴은 삶의 벼랑에 처한 그 즈음에 바로 문학사상 길이 남을 불후의 걸작 『실락원』을 탄생시켰다. 곁에 남아 있던 딸들의 도움을 받아 집필한 이 불세출의 작품은 성경 말씀의 철저한 실천을 주장하는 청교도 사상을 근간으로 인간의 원죄와 구원의 희망에 대해 다루고 있다.

존 밀턴은 이와 같이 환절 없이 일평생 단 하나의 원칙만을 지킨 의기 있는 정치가이자 학자였다. 또한 자신의 믿는 바에 따라 가지고 있는 모든 자질과 능력을 바쳐 새로운 창작물을 만들어 냈던 희대의 준예이기도 했다. 그리고 어떠한 영욕에도 세상에 굴복하지 않은 이 모든 행보는 오로지 영원의 섭리를 설파하고 인간에 대한 신의 길의 정당함을 역설하고자 하는 소망에 근거한 것이었다.

만일 제가 무엇인가 후세를 위해 글을 쓰게 된다면, 저의 조국을 명예롭게 하고 지식을 충만케 하여 하나님을 영화롭게 하는 것 말고는 달리 고려할 것이 없습니다.

딸들에게 구술하여 『실락원』을 집필하는 밀턴

사랑은 진리의 궁극적인 승리를 기뻐한다.
사랑은 최선의 것을 믿으며 최악의 것이라도 용서한다.
그러므로 사랑은 용기와 믿음과 소망을 결코 잃지 않는다.

14
Beareth-Believeth-Hopeth-Endureth

사랑은 참고 믿고 바라며 또한 견딘다

사랑은 참고 믿고 바라며 또한 견딘다

사랑은 진리의 궁극적인 승리를 기뻐한다.
사랑은 최선의 것을 믿으며 최악의 것이라도 용서한다.
그러므로 사랑은 용기와 믿음과 소망을 결코 잃지 않는다.

이어지는 구절 고린도전서 13:6은, 사랑이란 "불의를 기뻐하지 아니하며 진리와 함께 기뻐하고"이다.

사랑은 불의를 기뻐하지 아니하며

어떻게 사랑할 것인가뿐 아니라 무엇을 사랑할 것인가도 매우 중요하다. 여기서 "진리"란 사랑을 창조할 수 있는 모든 능력을 지닌 '복음'을 의미한다.

"진리를 알지니 진리가 너희를 자유케 하리라" 요 8:32.

죄악의 올무가 아무리 강하여도 진리는 누구든지 자유케 할 수 있다. 우리가 기뻐할 수 있는 이유가 여기에 있다. 고린도전서 13:6에서 "기뻐하다"로 번역된 헬라어는 전반절과 후반절에서 각각 다른 어감을 나타낸다.

"불의를 기뻐하지 아니하며"에서는 혼자서 악을 즐기는 은밀한 기쁨이라는 단순한 뜻을 나타낸다.

반면 "진리와 함께 기뻐하고"에서는 복합적인 의미, 곧 의의 승리를 다른 이들과 더불어 즐거워한다는 뜻을 나타낸다. 이것은 "나와 함께 여호와를 광대하시다 하며 함께 그 이름을 높이세"시 34:3라는 시편 기자의 외침 속에서 느껴지는 즐거움이다.

그리스도인이 다른 사람의 불의를 기뻐하는 것, 심지어 음란물이나 비도덕적인 연극을 보면서 히죽 웃는 일은 허다하다. 어떤 작가가 말했듯이 "하나님이 이스라엘을 애굽으로부터 불러 내시기는 쉬워도, 애굽을 이스라엘로부터 불러 내시기는 어렵다." 그리스도인이 친구나 경쟁자의 타락을 즐거워하는 것은 끔찍한 일이다.

선한 사람은 하나님의 은혜를 보고 "기뻐하지만"행 2:26, 불의를 보았을 때는 결코 기뻐하지 않는다. 그는 다른 사람의 결점을 찾아내려고 하기보다는 감추어 주려고 한다.

사랑은 모든 것을 참고 믿고 바라며 견디느니라

그러므로 사랑은 모든 것을 참으며, 모든 것을 믿으며, 모든 것을 바라며, 모든 것을 견딘다.

여기서 사도 바울은 사랑의 개괄적인 요소와 일반적인 삶에서 나타나는 사랑의 태도들을 간략히 설명하고 있다. 사랑은 진리의 궁극적인 승리를 기뻐한다. 그러므로 사랑은 용기와 믿음과 소망을 결코 잃지 않는다.

그렇다고 해서 사랑은 맹목적이거나 사실을 곡해하지 않는다. 사랑은 신중함과 상식을 배제하지 않으며, 들리는 모든 것을 단순하고 어리석게 믿어 버리는 것이 아니다. 그러나 사랑은 의심하지 않는다. 사랑은 최선의 것을 믿으며 최악의 것이라도 용서한다. 그리고 다른 사람의 잘못을 간파하는 데에 느리며, 악조건 속에서도 소망을 가진다.

사랑이 낙관과 소망으로 가득한 이유는 진리를 알기 때문이다. 사랑은 "모든 것이 합력하여 선을 이룸"을 아는 것이며, 또 사랑 자체가 영원토록 존속되리라는 것을 아는 것이다.

사랑은 모든 것을 참는다. 영어 개역 성경 Revised Version 에서는 "덮는다"는 말을 난하주에 달아 놓았다. 사랑은 다른 사람의 결함이나 실패를 말하지 않으며 그것을 퍼트리고 다니지 않는다.

어떤 사람들은 타인의 잘못을 참으며 받은 상처를 용서한다고 말하면서도, 그들이 가해자로부터 어떤 취급을 당했는지 모든 사람에게 알리려고 한다.

"참는다"는 말은 '덮는다', '그릇 속에 담는다', '지붕이나 방수복으로 비를 막는다'는 등의 의미를 내포하고 있다. 이 말이 단순히 '견디다' 혹은 '인내하다'라는 뜻이라면 "모든 것을 견디느니라"는 말을 첨가하지 않았을 것이다.

"사랑은 허다한 죄를 덮느니라" 벧전 4:8.

어머니에게 가서 아들의 결점을 찾으려고 해봐야 허사일 것이다. 우리가 "하나님의 사랑 안에서 자기를 지킬"유 21절 때, 우리는 또한 다른 사람들에 대한 모든 험담으로부터 자신을 지킬 수 있다.

사랑은 뜨거운 손으로 죄를 덮는다

악소문을 퍼트리는 사람은 마귀의 종 노릇을 하며 결국 마귀와 같이 된다는 사실을 생각해 본 적 있는가? 왜냐하면 마귀는 형제들을 참소하는 자이기 때문이다계 12:10. 한 미국 작가는 이렇게 말했다. "우리는 대적들을 죽이지 않으며 단지 그들을 비판한다. 우리는 그들을 살해하지 않으며 단지 냉소로써 그들을 무너뜨릴 뿐이다."

신실하고 헌신적인 그리스도인은 이러지 않는다. 그는 자신의 원수마저도 사랑한다. 사랑을 품은 사람은 사람들을 자유케 하는 진리의 능력을 분명히 확신하며, 가장 열악한 상황 속에서도 강한 소망을 간직한다.

한때 유명 일간지 편집장을 지낸 재주 많은 사람이 술로 파산하여 지옥과도 같은 생활을 하다가 스코필드C. I. Scofield 박사를 찾았다. 박사는 이렇게 말했다. "당신은 거듭나야 하며 하나님의 자녀로서 하나님의 거룩하신 성품을 덧입어야 합니다."

그러자 그 가련한 사람은 무릎을 꿇고 외쳤다. "오, 하나님! 짐승보다 못한 제가 하나님의 아들이 될 수 있을까요?" 그러고 나서 그는 자신의 마음을 하나님께 전부 털어 놓았으며, 벌떡 일어서서는 박사의 손을 움켜 쥐고 탄성을 질렀다. "저는 하나님의 자녀입니다!"

이처럼 사랑은 진리 안에서 기뻐하며, 가장 열악한 상황 속에서도 모든 것을 바란다.

거듭난 영혼의 가능성

하늘로부터 거듭난 영혼에게는 모든 것에 가능성이 있다.

당신의 마음은 하나님의 놀라우신 사랑으로 가득 채워지고 모든 것을 바라며 기쁨으로 모든 것을 참고 견디는가? 혹은 자신의 권위를 내세우고 권리를 주장하는 것이 다른 사람들을 위한 일이라고 생각하는가?

당신은 스티븐 메리트Stephen Merritt가 자신에 관해 했던 이야기를 기억하는가? 그는 집 없이 떠돌아다니는 사람들에게 저녁을 제공했다. 집으로 돌아가기 위해 모자를 집어 들었을 때, 그는 그 속에 베이컨, 빵 부스러기, 커피 찌꺼기 등이 들어 있는 것을 발견했다.

그는 너무도 화가 나서 그들에게 고함을 질렀고 경찰에 넘기겠다고 위협했다. 그 때 갑자기 성경 말씀이 떠올랐다. "사랑은 모든 것을 견디느니라."

일순간 분노는 사라지고 깊은 슬픔과 후회가 그의 마음에 가득 찼다. 분노와 자존심이 사랑보다 더 큰 일을 할 수 있겠는가? 그는 겸손히 그 사람들에게 사과하고 그들을 그 다음날 저녁 식사에도 초대했다.

어떤 일이 일어났을까? 갑자기 장난을 쳤던 장본인들이 자백하며 용서를 구했다. 그리고 다음날 밤 그들 중 무려 40명이 그리스도를 구주로 영접했다.

위대한 사랑의 모범

아무것도 할 수 없는 일을 사랑은 할 수 있다. 사실 우리는 그리스도가 우리를 위해 하신 모든 일을 잊고 지낼 때가 많다. 주 예수님은 자신에게 속한 자들을 끝까지 사랑하시는 분이다. "세상 죄를 지고 가는 하나님의 어린 양"요 1:29을 다시 바라보자. 그분은 위대한 사랑의 모범이다.

> "친히 나무에 달려 그 몸으로 우리 죄를 담당하셨으니 이는 우리로 죄에 대하여 죽고 의에 대하여 살게 하심이라 저가 채찍에 맞음으로 너희는 나음을 얻었나니" 벧전 2:24.

우리는 매우 실제적인 방법으로 그분의 발자취를 좇을 수 있다. 다른 사람들의 죄를 대신 질 수는 없지만, 죄악 된 사람들과 대면하여 모든 것을 기꺼이 참을 때 그들의 마음은 그리스도께로 돌아설 것이다. 그럼으로써 우리는 십자가에 못 박힌 그리스도를 십자가에 못 박힌 방식 그대로 증거하게 된다.

우리가 해야 할 모든 것은 사람들이 우리의 생명이 그리스도와 함께 하나님 안에 감추어졌음을 깨닫게 하는 일이다.

우리가 진리 안에서 기뻐한다면 그리스도의 복음에 합당한 삶을 살고 있는 것이다 빌 1:27.

그리스도 닮은
위대한 그리스도인

데이비드 브레이

데이비드 브레이너드 David Brainerd 1718-1747

미국 최초의 인디언 선교사 브레이너드의 사역 기간은 불과 5년밖에 되지 않지만, 그의 생애 내내 불타올랐던 복음 전파의 열정과 끝 간 데 모르는 헌신, 그리고 숱한 이들의 영혼을 뒤흔든 영향력은 그를 교회사상 중요한 인물이 되게 하는 데 부족하지 않은 것이었다.

브레이너드는 미국 코네티컷 주에서 대지주의 아들로 태어났으나 어린 나이에 양친을 여의면서 영혼의 문제에 천착하는 진지하고 사려 깊은 소년으로 자라났다. 1739년에 예일 대학교에 입학한 그는 대각성 운동에 대해 호의적이지 않았던 학교 당국과의 마찰로 인해 퇴학을 당하면서 인생의 전환점을 맞이하였다. 깨어 있던 여러 목회자들로부터 다양한 교육을 받을 기회를 얻으면서 그리스도의 나라의 확장에 대한 사명에 눈을 뜨기 시작했기 때문이다. 그의 일기문에는 당시 그를 사로잡았던 생각과 결단이 기록되어 있다.

내가 여기 있사오니, 나를 보내소서. 거친 땅, 광야에 사는 사나운 이교도들에게로 나를 보내소서. 세상의 모든 안락을 버리게 하소서. 당신을 섬기는 일이라면 죽음도 두렵지 않습니다.

1743년, 그는 광야 생활에 대한 준비와 인디언 언어 공부도 없이 무작정 스톡브리지 근처의 델라웨어 인디언들 틈으로 뛰어들었다. 초기에는 열매가 없어 고뇌하기도 했으나 그는 이후로 죽는 날까지 당시 비인간적인 취급을 받던 인디언들의 동료로, 형제로 살았다. 그는 짚더미에서 자기를 마다하

인디언들에게 설교하는 브레이너드

지 않았고 옥수수죽에 만족하였다. 숲 속에서 길을 잃고 늑대의 먹잇감이 되는 위험도 불사하였다. 인디언 말을 배우고 복음을 전하기 위해 무인지경의 정글을 수도 없이 오고갔고, 온 밤을 깨어 기도드리는 일에 쉼을 두지 않았다. 그리고 1745년 여름 드디어 인디언들 사이에서 큰 부흥이 일어나 풍성한 결실을 맺기 시작했다.

인디언들의 복음화를 위해 젊음을 산화시키는 일은 1746년 가을, 그가 결핵으로 피를 토하며 쓰러질 때까지 계속되었다. 마지막 몇 달 동안 약혼녀의 아버지였던 조나단 에드워즈(Jonathan Edwards)에게 몸을 의탁했던 그는 이듬해 조용히 눈을 감았다. 향년 29세, 너무나 아까운 죽음이었다.

짧디짧은 생이었지만, 그의 삶은 조나단 에드워즈를 비롯하여 존 웨슬리(John Wesley), 윌리엄 캐리(William Carey), 헨리 마틴(Henry Martyn) 등 수많은 사람에게 도전을 주었다. 자신을 전적으로 하나님께 헌신하되 하나도 남은 것이 없도록 완전히 불태운 그의 끈질긴 경건의 생은 이렇게 해서 참된 부흥 운동과 선교 운동의 진원지가 되었다.

그는 유일한 유작인 『일기』에서 그의 한평생을 지배했던 염원에 관해 이렇게 기록하고 있다.

영혼을 주님께 인도할 수 있다면 내가 어디에 있든지 어떻게 살든지 또 무엇을 견디게 되든지 나는 관계치 않노라. 잠을 자면 저들을 꿈꾸고 잠을 깨면 첫째 생각이 잃어버린 영혼들이라. 아무리 박식하고 능란하며 또 심오한 설교와 청중을 감동시키는 웅변이 있을지라도 그것이 결코 인간의 심령에 대한 뜨거운 사랑의 결핍을 대신할 수는 없노라.

매사추세츠, 노샘프턴에 있는 브레이너드의 묘

주 예수를 영화롭게 하기 위해 애쓸 때 우리의 삶은 그리스도 닮은 삶이 될 것이다.
그것은 영광스럽고도 경탄으로 가득한, 주님을 위한 긴 모험이 될 것이며,
다른 사람들에게는 놀라운 축복이 될 것이다.

15
What Shall We Say To These Things?

명심해야 할 것은
무엇인가

명심해야 할 것은 무엇인가

주 예수를 영화롭게 하기 위해 애쓸 때 우리의 삶은 그리스도 닮은 삶이 될 것이다.
그것은 영광스럽고도 경탄으로 가득한, 주님을 위한 긴 모험이 될 것이며,
다른 사람들에게는 놀라운 축복이 될 것이다.

이제 우리는 마지막 질문에 도달했다. 우리는 그리스도가 우리가 어떤 부류의 사람이 되기를 바라시는지 분명히 살펴보았다.

그리스도 닮은 사람은 하나님 닮은 사람이다

그리스도 닮은 사람은 하나님 닮은 사람이다. 왜냐하면 그리스도가 바로 하나님이시며, 하나님은 사랑이시기 때문이다.

따라서 그리스도 닮은 그리스도인은 자신의 삶에서 하나님의 사랑을 드러내는데, 이 사랑은 그의 모든 동기와 행위의 근원이자 비밀로서 그 마음속에 자리하고 있다. 그는 자신을 통해 하나님이 그분의 기쁘신 뜻을 바라고 행하게 하심을 의식하고 있다 빌 2:13.

그의 유일한 소원은 예수 그리스도의 소원, 곧 그를 사랑하는 사람이

건 미워하는 사람이건 간에 혹은 그를 축복하는 사람이건 핍박하는 사람이건 간에 모든 것이 합력하여 선을 이루게 하는 것이다.

이러한 사실들을 글로 적기는 얼마나 쉬운가! 다른 사람들을 정죄하기란 또 얼마나 쉬운 일인가!

심지어 예수 그리스도를 향한 진실한 사랑을 지닌 사람들에게서도 발견되는 이러한 결함들의 어리석음과 하찮음, 죄성을 간파하기란 얼마나 쉬운 일인가!

들풀보다 많은 죄의 함정

우리는 본장에서 그리스도 닮은 그리스도인이 어떤 사람인지 다시 한 번 훑어 보며, 그리스도인이 걸어가야 할 길에 무수하게 널려 있는 함정들을 다시 돌아보고 있다. 그리고 하나님의 자녀인 우리가 여러 가지 면에서 주님이 우리에게 두시고 또 우리를 통해 보기 원하시는 기준에 미치지 못한다는 사실을 슬퍼해야 한다.

하지만 필자는 사랑의 결핍에서 비롯되는 이 모든 죄악을 다시 생각하면서, "너는 어쩔 수 없는 인간이다."라는 나지막한 음성을 듣게 됨을 고백하지 않을 수 없다. 그리고 아마도 이 모든 일에 대해 그나마 쉽게 말할 수 있는 것도 바로 과거의 실패에 대한 자각 때문일 것이다.

왜냐하면 이기심, 교만, 자랑, 시기, 질시, 조급함, 분노, 심한 비판, 험담, 불친절 등과 같은 사랑의 결핍을 보여주는 모든 죄악을 범했다는 생각을 갖게 되면, 부끄러움과 후회의 심정으로 이 모든 일을 말할 수 있기 때문이다.

우리는 얼마나 자주 하나님의 자녀로서의 삶을 살아가는 데 실패하고 마는가! 그리고 그토록 오랫동안 이 모든 것이 죄악임을 잊고 있었다는 사실은 얼마나 이상한가!

실로 만물보다 간사한 것이 사람의 마음이다.

자신의 연약하고 죄악 된 마음을 깊이 들여다볼 때, 우리는 "이 모든 일에 충분한 자격을 갖춘 사람이 누구겠는가?"라고 외칠 수 있다. 또한 우리는 우리 앞에 놓인 차원 높은 부르심을 인식하고 "나는 그처럼 높은 경지에 이를 수 없다."고 말할 수도 있다.

우리가 우리 자신의 생각대로 따르거나 자신의 재능에만 의지한다면 전적으로 실패할 수밖에 없을 것이다. 그러나 하나님이 거룩하신 말씀을 통해 어떻게 승리할 수 있는지 가르쳐 주셨기 때문에 우리는 하나님께 찬양을 드린다.

이김을 주시는 하나님

"우리에게 이김을 주시는 하나님께 감사하노니." 그리스도 닮는 것이 단순히 훌륭한 결단을 한다고 해서 얻어지는 것은 결코 아니다. 또한 그것은 거룩함을 추구하는 결과로서 얻어지는 것도 아니다. 단순한 의지력으로는 감정을 압박할 뿐이며 마음의 동요가 외적으로 표현되는 것을 확인하게 될 뿐이다.

우리는 사회 생활을 함에 따라 성내거나 불친절한 말, 예의 없고 꼴사나운 행동을 자제할 수 있다. 그러나 마음의 악한 생각을 제거하는 데는 의지력과 깍듯한 예의도 전적으로 무력하다.

하나님의 계명들을 거역한 것은 무엇보다도 마음에서이며, 오직 그리스도만 인간의 마음을 통제할 수 있으시다. 그리고 그분은 인간의 마음을 내면 깊은 곳으로부터 다스리신다. 누가 이 일들을 만족스럽게 해낼 수 있는가?

"우리의 만족은 오직 하나님께로서 났느니라 저가 또 우리로 새 언약의 일군 되기에 만족케 하셨으니" 고후 3:5-6.

사랑을 허락해 주시는 예수 그리스도

그렇다. 우리 마음속에 빛을 비추시고 또 우리에게 하나님의 영광을 아는 빛을 주시는 분은 주 예수님이시다 고후 4:6. 우리에게는 스스로 다른 이들을 도울 수 있는 힘이 없다. 그러나 믿음으로 말미암아 우리 마음속에 거하시며 또 우리 마음을 온전히 주관하시는 주 예수 그리스도는 성령의 열매인 사랑을 분명히 허락해 주신다.

이 일들을 조용히 생각해 볼 때, 만나는 모든 사람에게 축복이 되어야겠다는 진지하고도 사랑스러운 욕망이 마음속에 생기지 않는가?

우리 주위에는 슬픔, 고난, 좌절, 죄로 인해 고통받는 사람들이 많이 있다. 그들에게도 결점이 있고 실수가 있지만, 그들은 진정한 도움과 동정을 너무도 갈망하고 있다.

그들을 비판하거나 불평함으로써 혹은 정죄하거나 불만을 털어 놓음으로써 그들을 도울 수 있는 것이 아니다.

그들은 동정과 친절, 사랑을 갈망하고 있다. 그들은 우리가 그들의 부족함을 참아 주기를 요청하거나 기대하지 않는다. 다만 그들은 "마음은 원이로되 육신이 약하도다"라고 고백하는 사랑의 동정을 간절히 바란다.

'그분의 긍휼은 한량없다.'는 사실은 우리 자신이 경험한 바이다. 우리가 할 수 있는 최소한의 일은, 그분이 우리를 통해 다른 사람들에게 그분의 긍휼을 전하게 하는 것이다.

그리스도를 앙모하며

지금부터라도 하나님의 사랑 안에 거해야 하지 않겠는가? "믿음의 주요 온전케 하시는 이인 예수를 바라보아야" 하지 않겠는가?

사랑을 행함에 실패하는 이유는, 구주를 거역하려는 고의적인 욕구 때문이라기보다는 예수 그리스도 안에 있는 우리의 고귀한 소명을 잊어버리기 때문이다.

우리는 종종 주 예수 그리스도의 성령께 속한 무엇인가를 계시함으로써 또 "예수의 생명도 우리 몸에 나타나게" 함으로써 고후 4:10-11 우리가 만나는 모든 사람에게 축복이 되는 특권을 가지고 있음을 잊고 만다.

하지만 이 사실을 기억하고 우리의 빛이 비치게 할 때, 주 예수를 영화롭게 하기 위해 항상 노력할 때 그리스도인으로서의 삶은 그리스도 닮은 삶이 될 것이다.

또한 우리의 삶은 영광스럽고도 경탄으로 가득한, 주님을 위한 긴 모험이 될 것이며, 그분이 우리를 사용하사 다른 사람들의 축복이 되게 하시는 놀라운 방법으로 하나님께 기쁨과 감사를 돌리게 될 것이다.

"그의 신기한 능력으로 생명과 경건에 속한 모든 것을 우리에게 주셨으니 이는 자기의 영광과 덕으로써 우리를 부르신 자를 앎으로 말미암음이라 이로써 그 보배롭고 지극히 큰 약속을 우리에게 주사 이 약속으로 말미암아 너희로 정욕을 인하여 세상에서 썩어질 것을 피하여 신의 성품에 참예하는 자가 되게 하려 하셨으니" 벧후 1:3-4.

그러므로 우리는 이렇게 기도해야 한다.

"그 영광의 풍성을 따라 그의 성령으로 말미암아 너희 속사람을 능력으로 강건하게 하옵시며 믿음으로 말미암아 그리스도께서 너희 마음에 계시게 하옵시고 너희가 사랑 가운데서 뿌리가 박히고 터가 굳어져서 능히 모든 성도와 함께 지식에 넘치는 그리스도의 사랑을 알아 그 넓이와 길이와 높이와 깊이가 어떠함을 깨달아 하나님의 모든 충만하신 것으로 너희에게 충만하게 하시기를 구하노라" 엡 3:16-19.

그리하면 그리스도 닮은 그리스도인이 되어 하나님이 영광을 받으시며, 다른 이들이 우리를 복되다 할 것이다.

그리스도 닮은
위대한 그리스도인

마틴 로이드-존스

마틴 로이드-존스 David Martyn Lloyd-Jones 1899–1981

로이드-존스는 방임과 신비주의, 낙관론적 사회 개혁의 늪에 빠져 있던 현대 기독교 사조에 세상과의 타협 없이 성경의 복음만을 선포함으로써 각성을 불러일으킨 20세기 최고의 강해 설교자이자 탁월한 복음주의 전도자다. 복음의 위대성과 능력에 대한 확신이 쇠퇴하고 있던 시기에 구원에 관한 실제적 경험을 강조하고 명목뿐인 기독교를 경고하는 설교를 감행하여 진리에 대한 목마름을 해갈시키고 비진리에 오도되었던 숱한 영혼들을 해독하였다.

영국 웨일스 카디프에서 태어난 로이드-존스의 첫 직업은 사실 의사였다. 그는 1916년 세인트바르톨로뮤 병원에서 의학 수업을 시작하여 내과 전문의 의학박사의 자격을 얻고 당시 영국 왕실 담당주치의로 유명했던 호더(Thomas Horder) 경의 조수가 되었지만, 의료 활동을 하는 동안 고통받는 환자들을 보면서 인간의 본질적인 죄성과 하나님의 섭리와 능력에 대해 심안을 뜨기 시작했고, 점차 이러한 도덕적 빈궁과 영적인 공허감을 치유해 주는 영의 의사에 대한 소명을 의식하게 되었다.

물론 그 역시도 미래가 보장된 의학박사의 자리에서 목회의 길로 전향하기까지는 숱한 고민을 해야만 했다. 그러나 한 광장에서 들은 구세군 밴드의 연주에 돌이킬 수 없는 결심을 한 그는 1927년 웨일스 남부 애버레이번의 베들레헴 교회에서 첫 목회를 시작하였다. 장래가 촉망되는 의사의 신분을 버리고 전도자가 되었다는 사실만으로도 그는 많은 사람의 주목을 받았지만, 성경 말씀을 정

설교 단상의 로이드-존스

확무오한 진리의 유일한 원천으로 삼는 설교로 더욱 충격을 주었다.

1938년부터는 캠벨 모건(G. Campbell Morgan) 목사의 제의로 웨스트민스터 교회에서 목회 사역을 하게 되었고, 이후 이곳에서 30년 동안 봉직하였다. 2차 세계대전으로 뿔뿔이 흩어졌다가 종전 후 모인 500명의 신도가 1951년에는 2,500명으로 늘어나 런던에서 가장 큰 교회로 유명세를 떨치기도 했다.

'강해 설교의 왕자'라 불리는 로이드-존스는 설교를 준비하면서 평생에 걸쳐 지킨 원칙이 있었다. 첫째, 설교는 반드시 신학적이어야 하고, 둘째, 설교문은 반드시 강해문이어야 하며, 셋째, 설교는 성령의 통제 아래서 행해져야 한다는 것이었다. 이러한 독특한 체계와 방식의 설교는 이후 그의 집필에서의 원리가 되기도 하였는데, 그가 남긴 강해 설교집은 지금까지도 영향을 끼치는 걸작이자 필독서이다.

죽는 순간까지 웨일스 장로교 전통에 충실했던 마틴 로이드-존스는 이와 같이 경건과 신학이 조화롭게 결합된 인물로서 하나님의 소명에 대한 순종과 세상과 타협하지 않는 충직함으로, 또 비견할 바 없는 눈부신 지성과 인내로 그리스도인이 꼭 알아야 할 것과 앙망해야 할 것을 가르쳐 준 위대한 교사이자 목자였다.

그리스도인으로서 우리가 주장해야 하고, 또한 알아야 하며, 체험해야 하는 것은 어떤 일들을 하고 안하는 것에 대한 일반적인 아이디어나 행위가 아닙니다. 오직 하나님을 아는 것만이 우리의 목표이어야 합니다. 그 이외의 것은 모두 그리스도인의 목표 미달입니다.

로이드-존스가 1938년부터 사역한 런던 웨스트민스터 교회 외관

사명선언문

너희가 흠이 없고 순전하여……세상에서 그들 가운데 빛들로
나타내며 생명의 말씀을 밝혀 _ 빌 2:15-16

1. 생명을 담겠습니다
만드는 책에 주님 주신 생명을 담겠습니다.
그 책으로 복음을 선포하겠습니다.

2. 말씀을 밝히겠습니다
생명의 근본은 말씀입니다.
말씀을 밝혀 성도와 교회의 성장을 돕겠습니다.

3. 빛이 되겠습니다
시대와 영혼의 어두움을 밝혀 주님 앞으로 이끄는
빛이 되는 책을 만들겠습니다.

4. 순전히 행하겠습니다
책을 만들고 전하는 일과 경영하는 일에 부끄러움이 없는
정직함으로 행하겠습니다.

5. 끝까지 전파하겠습니다
모든 사람에게, 땅 끝까지, 주님 오시는 그날까지
복음을 전하는 사명을 다하겠습니다.

서점 안내

광화문점　서울시 종로구 새문안로 69 구세군회관 1층
　　　　　　02)737-2288 / 02)737-4623(F)

강남점　　서울시 서초구 신반포로 177 반포쇼핑타운 3동 2층
　　　　　　02)595-1211 / 02)595-3549(F)

구로점　　서울시 동작구 시흥대로 602, 3층 302호
　　　　　　02)858-8744 / 02)838-0653(F)

노원점　　서울시 노원구 동일로 1366 삼봉빌딩 지하 1층
　　　　　　02)938-7979 / 02)3391-6169(F)

일산점　　경기도 고양시 일산서구 중앙로 1391 레이크타운 지하 1층
　　　　　　031)916-8787 / 031)916-8788(F)

의정부점　경기도 의정부시 청사로47번길 12 성산타워 3층
　　　　　　031)845-0400 / 031)852-6930(F)

인터넷서점　www.lifebook.co.kr